Coragem para evoluir

Luciano Vicenzi

Coragem para evoluir

3ª. Edição

Prefácio: Málu Balona

Associação Internacional Editares

Foz do Iguaçu - Paraná - Brasil

2011

Histórico Editorial:

1ª. Edição – 2001 – Tiragem: 4.000 exemplares.
2ª. Edição – 2005 – Tiragem: 2.000 exemplares.
3ª. Edição – 2011 – Tiragem: 1.000 exemplares.
1ª. Reimpressão – 2013 – Tiragem: 3.000 exemplares.

Os originais desta edição foram produzidos e revisados através de editoração eletrônica e de impressão a laser (texto em *Baskerville BE Regular:* 261.629 caracteres, 45.265 palavras e 2.027 parágrafos).

Impressão: Gráfica Edelbra.
Capa: Flávia Viana e Rodrigo Guedes.
Revisão 3ª Edição: Tatiana Lopes.

Ficha Catalográfica:

V632c Vicenzi, Luciano 1964 -

Coragem para Evoluir / Luciano Vicenzi.
3ª. ed. – Foz do Iguaçu-PR : Associação Internacional Editares, 2011.

188 p.

ISBN 978-85-98966-37-3

1. Consciencioplogia; 2. Evoluciologia; 3. Psicologia;

4. Coragem; I. Título.

CDD: 126

Associação Internacional Editares
Av. Felipe Wandscheer, 5.100, sala 107, Cognópolis
Foz do Iguaçu, PR - Brasil • CEP: 85856-530
Tel/Fax: 45 2102 1407
E-mail: editares@editares.org – *Website:* www.editares.org

Dedico este livro a todas
as consciências que buscam
a coragem para tornarem-se,
de fato, as responsáveis
por sua evolução.

Agradecimentos

Muitas vezes, ao expor minhas ideias e proposições neste livro, conjuguei o verbo na 1ª pessoa do plural e não na 1ª pessoa do singular. Minha intenção foi fazer justiça ao grande número de consciências que me ajudaram na composição desta obra. Senti-me auxiliado em todos os momentos do trabalho pelos amparadores extrafísicos para melhor organizar as recordações das experiências pessoais e observações das experiências de pessoas muito queridas, pessoas próximas, pessoas amigas ou nem tanto. Não sendo possível citar todos os nomes, limito-me a registrar aqui, a todas essas consciências, o meu agradecimento.

Entretanto, não poderia deixar de fazer 3 agradecimentos especiais.

Agradeço à Karina Thomaz e Ernani Brito, pelo apoio durante a preparação da 1ª edição desse livro.

Pela sugestão e apoio neste tema de pesquisa que se configurou tão motivante e instrutivo, agradeço à profª. Málu Balona, pesquisadora competente da Conscienciologia e Projeciologia, incansável na tarefa de incentivar os pesquisadores do IIPC – Instituto Internacional de Projeciologia e Conscienciologia, a escreverem sobre seus achados.

Agradeço a meus pais, Lory Vicenzi e Luci Elias Vicenzi, verdadeiros amparadores intrafísicos com quem tive privilégio de compartilhar estes anos de vida humana, por sua disposição em ajudar sem pedir nada em troca, pelo amor e apoio dedicados a mim e meus irmãos e irmãs, com inestimável respeito às individualidades, posturas e decisões de cada um. Mesmo sabendo que intimamente nem sempre estavam de acordo conosco, demonstraram, em todos os momentos, a nobreza de orientar ou de guardar seu silêncio, porém sem medir esforços para estarem presentes nas horas de necessidade. A estas duas consciências, por quem tenho profundo amor e respeito, o meu muito obrigado!

SUMÁRIO

Capítulo 5

Capítulo 6

Capítulo 7

Capítulo 8

Prefácio da 1ª Edição

ACHADO FELIZ

Incentivo – No exercício da tarefa do esclarecimento, cultivo o hábito pessoal de distribuir *à droite et à gauche* sugestões e propostas dirigidas principalmente ao corpo de pesquisadores e professores do *IIPC*, para que se tornem autores competentes, sem no entanto formular expectativas quanto aos resultados futuros.

O objetivo é compartilhar com todos a felicidade íntima do dever consciencial cumprido, que é a resultante de toda publicação dedicada à melhoria das consciências, onde o maior beneficiado acaba sendo sempre o próprio autor.

Quando o incentivo ao aproveitamento do talento pessoal recai sobre solo fértil, ou seja, sobre o *mentalsoma* (corpo mental) da consciência autossuperadora, as ideias criam raízes profundas e dão frutos conscienciais inesperados.

Leitores – É o caso dessa primeira obra de Luciano Vicenzi, *Coragem para Evoluir,* cuja apresentação temos a honra de fazer aos leitores.

Para o leitor que pela primeira vez está entrando em contato com os temas e as abordagens projeciológicas e conscienciológicas, sugerimos também a leitura de outras obras introdutórias para melhor proveito do rico exemplar que acaba de adquirir.

Manual Prático – Num estilo didático, claro e conciso, o autor percorre o complexo terreno da autopesquisa, levando o estudioso a analisar de forma objetiva as nuanças do megaatributo *Coragem Consciencial*. A sinceridade da autoexposição fica evidenciada na proposta e na admissão despojada da própria necessidade íntima do autor de aprimorar o auto-enfrentamento nesse mesmo aspecto.

Coragem para Evoluir é um Manual Prático de Autopesquisa, onde o autor não poupou vivências e não omitiu nem mesmo aspectos mais constrangedores, contudo necessários à renovação pessoal com vistas à evolução das consciências.

Protagonismo – A coragem e a automotivação dela decorrente constitui a força íntima que faz a diferença quando a consciência decide não mais *ser vivida* pelo chamado *destino* – determinismo – e passa a assumir o livre-arbítrio com o maior discernimento de que é capaz, assumindo o *protagonismo* da própria trajetória evolutiva.

A evolução consciente corajosa é um convite irrecusável para promover viradas de rumo, correções de rota e ajustes evolutivos que a consciência tem o poder – energia consciencial – para assumir e superar.

Programação Existencial – Ao eleger como objeto de estudo a profilaxia de um tema crítico: a *covardia evolutiva*, o autor dá mostras de bravura pessoal na aplicação avançada da *Inteligência Evolutiva*, já que essa triste patologia consciencial patrocina a maioria dos *abortos de programações existenciais,* levando milhares de consciências a compor a *massa de indecisos* à margem da autoevolução.

Solução – Ao leitor ou leitora fica a oportunidade de livrar-se do lastro dos medos infundados, a erradicar as omissões deficitárias, banindo definitivamente a preguiça mental, a *pasmaceira* evolutiva, as depressões e outros males decorrentes da permissividade e da negligência quanto à autoevolução.

Com o grato sentimento que somente os *achados felizes* do mentalsoma (corpo mental) despertam, incluo neste primeiro ano do milênio um exemplar de *Coragem para Evoluir* na biblioteca pessoal. Somente o futuro mostrará os benefícios e os frutos conscienciais inavaliáveis gerados pela obra didático-assistencial-terapêutica que *enhorabuena* é levada ao público.

Ao autor, Luciano Vicenzi, agradecemos a oportunidade de partilhar dessa gestação consciencial e desejamos o continuísmo permanente na produção de novas pesquisas de igual profundidade dentro do inesgotável e fascinante universo da evolução consciencial.

Málu Balona

Introdução

"O acaso é o fruto do céu que o tolo, o poeta e o 'filósofo' ficam, por aí, esperando cair."
Waldo Vieira

Pesquisar e escrever sobre a consciência – a alma, o espírito ou a essência de cada um de nós –, em movimento de evolução, mostra-se um aprendizado incomparável. É, antes de tudo, uma imersão na própria intimidade, uma viagem dentro do microuniverso individual em busca de pistas para melhor identificar o rumo de nossas manifestações. Este livro é resultado de uma autopesquisa que me permitiu compreender melhor as dificuldades encontradas no meu desenvolvimento pessoal, e me colocar de modo mais incisivo na trilha provável da tarefa que vim executar nesta existência humana, minha *programação existencial*.

A pesquisa respaldada na vivência pessoal é interessante porque avança junto com o pesquisador, e este pode observar, a cada dia, a cada nova experiência, o aprofundamento do autoconhecimento, enriquecendo as associações de ideias e a qualidade do trabalho realizado.

Com isso, desenvolve sua acuidade e expande seu laboratório para outras consciências e dimensões. Não se trata de "forçar a barra" associando tudo a seu objeto de pesquisa, querendo colocar todas as formas num mesmo molde, mas, estando atento, começa a perceber a riqueza de informações oferecidas pela própria vida. Resgata ideias inatas, desenvolve ideias originais e analogias para melhor caracterizar seu objeto de pesquisa, otimizando sua percepção e apreensão dos fatos.

Escrevendo sobre esses achados, o pesquisador organiza melhor o pensamento e consegue encadear com mais coerência as prioridades que qualificam sua manifestação. Pensar, por exercício, uma coisa de cada vez, para, depois, estender para a visão de conjunto organizada. Escrever, *desdramatiza* e esclarece.

Neste trabalho sobre a coragem consciencial, vamos mostrar diversas facetas interligadas a este atributo, seus fatores intervenientes, mecanismos e necessidade para o desenvolvimento evolutivo de todos nós.

Esta necessidade (de coragem para o desenvolvimento evolutivo de todos nós) surge devido às velocidades distintas adotadas pelas pessoas em seu movimento evolutivo. A diferença de velocidade nas renovações pessoais em relação ao padrão convencional, estabelecido pelo grupo social, é uma das bases do contrafluxo, representado pelos obstáculos que surgem porque a sociedade recicla e amadurece os seus valores em uma velocidade menor.

O indivíduo empreendedor enfrenta um contrafluxo, por exemplo, quando propõe ideias e soluções originais a uma questão e as pessoas em volta não conseguem acompanhar seu raciocínio. Há resistência. Do mesmo modo, quem está mais lúcido para o processo evolutivo enfrenta um contrafluxo ou resistência quando tenta impor um ritmo de crescimento e amadurecimento a si mais dinâmico e produtivo em relação ao adotado pela maioria das pessoas, muitas ainda inertes neste movimento.

No avanço da compreensão sobre o tema, torna-se necessário fazer referência aos 3 fatores mais influentes nas manifestações das consciências:

1. **Paragenética.** A genética adstrita às heranças da consciência, através do psicossoma (corpo extrafísico), das vidas anteriores ao embrião humano.

2. **Genética.** As heranças da consciência em seu corpo físico (Biologia).

3. **Mesologia.** A herança cultural e a influência do meio.

Esta última influência merece a atenção especial de nossa parte para melhor analisar a importância do fator coragem, tanto na atuação no meio sóciocultural e sob padrões vigentes das sociedades intrafísicas, como nas comunidades extrafísicas relativas a cada consciência e, de modo mais específico, para o projetor lúcido ou o praticante das experiências fora do corpo – objeto de estudo da Projeciologia –, em suas tarefas assistenciais.

Este livro pretende mostrar o quanto os aspectos mesológicos restringem a lucidez e a liberdade da pessoa para o cumprimento da sua programação existencial e como estes fatores são alimentados por preguiça mental, comodismo e passividade, dificultando a resposta comportamental adequada de cada um ante a própria evolução. A hipótese apresentada para ajudar a superar a condição de aprisionamento da consciência será exposta de maneira técnica, baseada nos fundamentos da Conscienciologia e Projeciologia.

A Conscienciologia – é a ciência que estuda a consciência "inteira", com todos os seus corpos, existências, experiências, épocas e lugares de vida, em uma abordagem integral, projetiva e autoconsciente em relação as várias dimensões existenciais.

A Projeciologia – é a especialidade da Conscienciologia que estuda as projeções da consciência – saídas lúcidas do corpo humano – e seus efeitos. Isso inclui as projeções de energias conscienciais para além dos limites da consciência (ver Bib. 38).

Sob este enfoque, o tema coragem torna-se um instrumento libertador de pensamentos, sentimentos e ações. O paradoxo é que a liberdade, embora atraente do ponto de vista teórico, nem sempre é desejada na prática porque implica no constante desafio de assumir responsabilidades, a primeira delas, sobre o próprio destino, o atual e o almejado. Exige enfrentar a realidade de que não podemos aprender pelos outros e nem eles por nós, mas compartilhar experiências nos ajuda a ampliar a percepção dos estímulos necessários para compreender a complexidade de nossa natureza.

Nada é simples quando nos propomos a estudar a consciência. O valor atribuído aos problemas humanos ganham dimensão especial quando tratados de maneira diferenciada para cada consciência, pois a aquisição do conhecimento se deve à subjetividade da interpretação dos fatos e às associações de ideias que cada uma faz. Estas associações variam de acordo com o acúmulo de experiências individuais durante as múltiplas vidas humanas. A rigor, todo conhecimento é subjetivo.

Ainda hoje, por exemplo, ano 2011, existem pessoas que não concebem a ideia do homem ter ido à Lua, e, para estas, as imagens dos astronautas americanos em solo lunar em 1969 não passam de truque cinematográfico de Hollywood. Ao verificar com maior proximidade posicionamentos desta natureza, observamos não tratar-se de simples questão cultural, mas de um filtro mental delimitado pelos valores pessoais. Embora pareça simplório, este exemplo traduz uma singularidade na interpretação dos fatos, pois até mesmo aqueles já consumados para muitos, são para outros ainda objeto de dúvida.

Se isto ocorre até com acontecimentos físicos, materiais, como serão as sutilezas da intimidade de uma consciência com seus experimentos evolutivos?

Escolhemos, para melhor caracterização da abordagem, tratar de quando a coragem se torna mais importante em nossas manifestações, revelando predominâncias ou tendências a serem melhoradas e incentivadas para alcançar essa liberdade essencial ao desenvolvimento de nosso aprendizado.

Após uma década de pesquisa da consciência, verifiquei a distância entre a informação (teoria) e as vivências do dia a dia (prática). Este é um dos grandes empecilhos à melhoria dos desempenhos evolutivos das consciências.

A pessoa só compreende a si mesma quando anatomiza sua realidade íntima, fazendo da pesquisa parte de seus pensamentos e ações, registrando os fatos *intrapsíquicos* no momento exato em que ocorrem. Após o fato, a constatação da possibilidade do desempenho ter sido melhor, a torna mais lúcida para uma próxima vez. Este exercício constante faz o aprendizado sobre nós mesmos ser dinâmico e fascinante. É para este exercício que convido o leitor ou leitora, comparando as informações aqui contidas com seus experimentos pessoais e discordando quando sua prática assim evidenciar. Este autor agradece toda colaboração.

Luciano Vicenzi

CAPÍTULO 1

HISTÓRICO E CONCEITOS BÁSICOS

"O único tempo real é o presente, porque é quando se pode aplicar o livre-arbítrio, decisão e ação".
Wagner Alegretti

Esta pesquisa foi iniciada em outubro de 1993, com enfoque para a temática da *Mesologia como Freio Evolutivo.* A pesquisa autodidata, extraída da experiência de vida deste pesquisador em observar o comportamento humano, tratava da influência dos valores sociais sobre as pessoas e de como estas, submetidas à expectativa dos outros, adotavam o comportamento esperado, mesmo estando dissonante dos valores pessoais.

Após seguidas análises, pude perceber esta influência de maneira evidente nas pessoas à minha volta, e também em mim. Aprofundei a percepção de que muitos indivíduos, com receio de se verem expostos, representam uma *imagem pessoal* incoerente com sua *realidade consciencial*, para serem melhor aceitos na sociedade. Percebi também o quanto esta tendência dificulta à consciência executar, de modo satisfatório, a sua programação de vida, o *completismo existencial*, objetivo de todos nós.

Em 1995 a pesquisa ganhou um direcionamento definitivo, conjugando aspectos da mesologia com a coragem para superação de obstáculos intraconscienciais (pessoais) decorrentes da carência de determinadas experiências evolutivas.

Parti do pressuposto de que este estudo poderia me ajudar a entender esta influência sobre o comportamento pessoal e os mecanismos dos quais me valia para protelar as decisões mais difíceis: a falta de *coragem evolutiva.*

O pesquisador da Conscienciologia, além dos métodos tradicionais de pesquisa, utiliza-se do estudo das próprias manifestações, criando em si o seu laboratório ambulante.

Antes de adentrarmos mais profundamente em nosso tema, faz-se necessário esclarecer alguns conceitos básicos da Conscienciologia utilizados como fundamentação para a exposição da pesquisa aqui apresentada.

Não é nossa intenção nesta obra aprofundar estes conceitos. Para tal, sugerimos os tratados *Projeciologia – Panorama das Experiências da Consciência Fora do Corpo Humano* e *700 Experimentos da Conscienciologia*, ambos de autoria do médico e pesquisador independente Waldo Vieira. Neste livro, estamos retirando uma pequena fatia da Conscienciologia, o estudo da coragem da consciência, para enfocá-la como instrumento de evolução.

Programação Existencial

Programação existencial é a programação específica de cada consciência humana em sua nova vida nesta dimensão física, planejada antes do renascimento nesse corpo biológico (ressoma), ainda na dimensão extrafísica. Pode ser chamada também de mandato pré-intrafísico; meta existencial; planificação existencial; *projeto de vida* (ver Bib. 39).

A sensação de ter alguma tarefa especial ou missão a cumprir na vida é relativamente comum. Cumprir esta missão é o real objetivo de cada consciência em sua vida humana atual. Identificar em linhas gerais o tipo de atividade a ser executada para otimizar a própria evolução, definindo com melhor qualidade seus objetivos de vida é o primeiro passo para a pessoa caracterizar com maior precisão os detalhes do que foi planejado, anatomizando a coerência das prioridades adotadas e direcionando os esforços pessoais para a execução da sua programação existencial.

Existem programações existenciais simples encarregadas tão somente de resolver os problemas pessoais ou do grupo familiar mais próximo, sem necessidade de planejamentos mais específicos ou complexos. E as mais avançadas, da consciência líder evolutiva, com maior nível de discernimento, nas quais esta atua como *minipeça* dentro de um *maximecanismo* assistencial em função da evolução de muitas outras consciências. A caracterização do tipo de programação existencial está diretamente relacionada com a abrangência da assistência a ser praticada durante a vida.

Podemos identificar 2 tipos básicos de tarefas assistenciais estudadas pela Conscienciologia:

A *tarefa da consolação,* mais primária, visa o auxílio aos outros de modo mais paliativo, temporário, de conforto ou alento espiritual. Pouco esclarece sobre a realidade evolutiva da consciência, porém é mais simpática e de retorno mais imediato. Comum nos círculos religiosos, sua ação é varejista.

A *tarefa do esclarecimento,* mais avançada e complexa, visa oferecer os meios (informações e técnicas) para que os outros aprendam a resolver os seus problemas por eles mesmos. É mais definitiva e de resultados não tão imediatos. Por trabalhar com verdades relativas de ponta, visando esclarecer mais do que consolar, nem sempre é muito simpática. Sua ação é atacadista.

Quando ainda muito envolvida pela vaidade do ego, a tendência da pessoa é querer pensar em realizações acima das possibilidades pessoais para o atual momento. Quando falta coragem, a tendência é menosprezar-se para justificar a fuga das responsabilidades. Em ambos os casos, existe falta de coerência quanto a potencialidade evolutiva.

Para melhor compreender essa potencialidade, o caminho mais lógico é o do autoconhecimento, porque permite avaliar suas conquistas e carências de aprendizado, bem como a posição e responsabilidade dentro do próprio grupo. Algumas perguntas básicas ajudam neste sentido, por exemplo:

1. *Você está, de fato, preocupado com sua evolução? Quantas pessoas de sua família ou de seu círculo de relações mais diretas estão realmente preocupadas com a evolução pessoal? Conhecimento é responsabilidade.*

2. *Qual a qualidade de suas relações interpessoais? O saldo é positivo ou negativo?*
3. *Você pensa em ajudar outras pessoas? Qual é, no seu entender, a forma de auxílio mais efetiva?*
4. *Você já pode praticar a tarefa do esclarecimento ou apenas a tarefa da consolação?*
5. *Qual é o traço-força da sua personalidade (talento) mais positivo?*
6. *Qual é o ponto de inércia íntimo que mais trava a sua evolução?*

Na programação existencial consta sempre uma parte individual e outra grupal. Na individual, a pessoa é considerada separadamente, em suas performances e desenvolvimento. Na grupal, são considerados os resultados de suas atuações dentro do grupo, relativas aos feitos de um número maior de pessoas, onde sua participação pode ser relevante ao sucesso ou fracasso de toda uma equipe.

O objetivo básico da programação existencial é trabalhar com aspectos prioritários para a evolução da consciência, proporcionando vivenciar situações que, de alguma forma, vão lhe dar oportunidade de renovar suas antigas posturas, aprender, amadurecer através da experiência mais planificada. Tem relação direta com nossas necessidades evolutivas, e também com nossos talentos ou potencialidades. Recebemos apenas tarefas que estejam dentro das nossas possibilidades de execução e com certo percentual de folga quanto ao tempo, visando calçar os percalços da vida humana (por exemplo, a manutenção do corpo físico). Ainda assim, muitas pessoas falham nesta execução devido ao excesso de protelação nas decisões individuais. O ideal é aproveitarmos nossos talentos para superar dificuldades. Esta autossuperação, além de vários outros fatores, exige coragem.

A utilização da coragem é essencial para obtenção do completismo existencial.

PERÍODO INTERMISSIVO

Período intermissivo é o período no qual a consciência se encontra entre duas vidas humanas, atuando na condição extrafísica. Há consciências que desativam o corpo físico (morte biológica) e voltam a renascer nesta dimensão física sem perceber a troca de dimensão, tal é o estado de pouca lucidez em que se encontram. Vivem presas dentro de sua tela mental, num mundo particular criado pela imaginação. Outras exibem autoconsciência do estado atual, da vida recém-finda e da próxima que enfrentarão, cedo ou tarde, conforme tarefas ou atividades extrafísicas a serem cumpridas antes do próximo renascimento.

Neste período de tempo, maior ou menor, conforme o caso, a consciência extrafísica, quando desfrutando de relativa lucidez, em conjunto com amparadores – consciências auxiliadoras mais avançadas – e orientador evolutivo – consciência coadjutora da coordenação inteligente das programações existenciais de um grupo evolutivo – estabelece metas prioritárias a serem trabalhadas na próxima vida humana. Conforme a maturidade conquistada, ocorre a preparação para o renascimento físico, tendo maior ou menor livre-arbítrio na escolha dos desafios e projetos para o futuro, o grupo familiar e de convívio, e a complexidade e abrangência de sua atuação assistencial.

Muito se fala, na sociedade ocidental, da tanatofobia ou medo da morte, na verdade, um reflexo do medo do desconhecido somado às lavagens cerebrais da repressão religiosa. Quando alguém desativa o corpo físico, se considera apenas o sentimento equivocado de perda. Ninguém perde o que não possui e, em síntese, possuímos apenas o aprendizado conquistado. Este sentimento de perda é equivocado também porque os componentes de um grupo evolutivo mais próximo estão sempre se reencontrando.

Porém, pouco se fala da preocupação de quem está para renascer ante o novo desafio a ser enfrentado quando novamente estiver em um corpo biológico, deixando sua comunidade extrafísica, seu verdadeiro lar consciencial, para conviver com uma família com a qual nem sempre terá o melhor relacionamento, e com metas que exigirão o melhor dos esforços desta para realizá-las. A coragem evolutiva influencia na escolha destas metas. Ninguém vem a este mundo a passeio.

Tampouco se comenta a saudade daquelas companhias evolutivas mais chegadas a nós que permaneceram nas dimensões extrafísicas quando renascemos e a alegria destas quando retornamos com um bom desempenho na vida física, após a dessoma (morte biológica). A melhor dessoma é a de quem completou a sua programação existencial.

Visando melhorar o desempenho no período intrafísico, existem os cursos intermissivos.

CURSO INTERMISSIVO

No período intermissivo, após determinado nível evolutivo, a consciência começa a frequentar cursos teórico-práticos que visam preparar melhor os alunos participantes para a execução de programações existenciais de diferentes graus de complexidade.

O objetivo é proporcionar melhores resultados na recuperação do nível de lucidez desses alunos para as metas evolutivas traçadas a favor de um grupo maior de consciências, e ao mesmo tempo prepará-los para superar traços imaturos de personalidade que serão trabalhados novamente.

Em alguns casos, ocorrem simulações das "possíveis" condições com as quais a consciência se defrontará quando estiver novamente na condição intrafísica. No entanto, na prática, podem ocorrer vários ajustes ou situações imprevistas, devido ao desenrolar dos acontecimentos. A falta de rememoração das informações sobre o curso intermissivo após o renascimento intrafísico em conjunto com a mesologia criam numerosas oportunidades para os chamados acidentes de percurso, desvios de rota quanto a programação existencial, mais comuns do que se imagina.

Pensene e Holopensene

O Pensene (*pen* + *sen* + *ene*) é a unidade de manifestação prática da consciência, segundo a Conscienciologia, que considera o pensamento ou ideia (concepção), o sentimento ou a emoção e a energia consciencial em conjunto, *de modo indissociável*. É a unidade básica de nossas manifestações. Os pensenes formam os modelos mentais do indivíduo, a maneira de ver a si e o mundo e de se relacionar com ele, caracterizando a base do seu comportamento.

Absorvemos e exteriorizamos energias o tempo todo. A energia empregada pela consciência em suas manifestações é denominada *energia consciencial*. É o extrato que demonstra, sem disfarce, a intencionalidade ou o padrão dos pensamentos e sentimentos apresentados por uma pessoa. Este padrão define as afinidades, os acoplamentos energéticos e o nível evolutivo de nossas companhias intra e extrafísicas. Os afins se atraem.

Por onde nos manifestamos, deixamos nosso rastro energético (assinatura pensênica), podendo ser mais sadio ou mais patológico, promotor de reciclagens e bem-estar ou de distúrbios e descompensações.

O conjunto de pensenes agregados ou consolidados é denominado holopensene. Pode também ser chamado de *egrégora,* embora esta palavra, desgastada pelo uso, gere resistência em larga faixa dos leitores sérios das ciências (ver Bib. 40).

A formação dos holopensenes, campos concentrados de energia com determinado padrão de informações, caracterizado pelo somatório de pensenes afinizados, encontra semelhanças em conceitos como: a *Teoria do Inconsciente Coletivo,* do psicólogo suiço C. G. Jung (1875-1970), e a *Lei de ressonância Mórfica,* do biólogo inglês Rupert Sheldrake (1942 -).

Todo agrupamento humano, todo local, toda cidade, toda profissão apresenta campos de energia peculiares, formado por padrões de pensamentos e sentimentos afins. Esses padrões influenciam aqueles que estão submetidos ao mesmo ambiente ou tipo de atividade. Quanto maior o número de consciências *pensenizando* de maneira similar, maior a força de um holopensene e maior a interferência dele sobre as pessoas, as quais tendem a reproduzi-lo e reforçá-lo. É a característica retroalimentadora de um holopensene, *feedback*.

Este conceito é fundamental para compreendermos melhor o poder de influência da mesologia sobre os indivíduos, seja nesta dimensão física, dificultando a renovação dos hábitos sociais de uma comunidade, seja nas dimensões não físicas, onde sua força é muito mais intensa devido a similaridade de pensamentos e sentimentos das consciências componentes de qualquer comunidade extrafísica.

No decorrer deste livro, vamos abordar cada um destes conceitos básicos, contextualizando-os com associações de ideias, visando esclarecer a relação entre a *coragem* e a *evolução consciencial*. Vale fazermos uma análise inicial do nosso tema de estudo.

Coragem Consciencial

Coragem, do francês antigo *corages*, refere-se etimologicamente à ação com o coração, representando comportamentos com a preponderância emocional. Isto não restringe as atitudes de coragem a aspectos meramente emotivos, pois é possível canalizar as energias mobilizadas segundo as diretrizes do corpo mental (mentalsoma), atribuindo-lhe o valor do discernimento.

O filósofo grego Aristóteles (384 – 322 A.C.) ressaltava sua importância colocando-a como a virtude essencial para o desenvolvimento das outras, estabelecendo uma correlação direta com a vontade. Efetivamente, não podemos falar de coragem sem nos referir à força de vontade propulsora de qualquer ação humana em direção a estágios evolutivos mais avançados.

Alcançar novos patamares de qualidade em nossas manifestações não requer apenas mudança na forma de pensar e sentir sobre algo, mas também uma reflexão profunda sobre a qualidade da determinação aplicada na direção dos objetivos prioritários estabelecidos. É essencial verificar com clareza *onde* exatamente se quer chegar e o *quanto* se quer. Cada conquista exige sua cota de esforço e suor.

A vida, em qualquer dimensão, é um constante sistema de escolhas interdependentes. Optar por alguma coisa sempre implica na renúncia de outra. A condição em que nos encontramos atualmente é resultado das escolhas do passado, assim como o futuro depende de nossas atitudes no presente.

A coragem é a vontade que sustenta a decisão tomada, exigindo um novo posicionamento mental diante dos antigos referenciais de comportamento. Quando usada com inteligência e responsabilidade, representa:

1. assumir a liberdade para determinar as metas pessoais;
2. perseverança para efetivar resultados, enfrentando os desafios evolutivos.

Valorizada por ser um atributo da personalidade realizadora, empreendedora e automotivada, a coragem vem despertando, cada vez mais, o interesse no meio empresarial. As organizações estão, constantemente, buscando profissionais com este perfil porque revela a postura proativa, característica muito cotada no sistema socioeconômico atual. O psicólogo Daniel Goleman classificou-a como a "regra de ouro" do profissional inteligente, fator de distinção entre os funcionários das empresas, resultante, segundo ele, da combinação entre competência e integridade. Em um enfoque mais amplo, permite distinguir não só profissionais, mas todas as pessoas produtoras de resultados positivos para o meio onde vivem.

Quando estudada mais profundamente, podemos percebê-la como fator determinante do domínio das manifestações conscienciais, onde passamos a utilizá-la como ferramenta evolutiva aplicada na realização da programação existencial.

Para isso, é preciso deixar de lado as justificativas pueris advindas dos resultados ainda insatisfatórios, pois nada resolvem. O início da implementação das mudanças necessárias ao cumprimento de nossa programação existencial é o descarte de toda e qualquer transferência de responsabilidades. A consciência começa perceber que a melhor explicação não muda o fato e nem altera a sua condição evolutiva. Verifica, na prática, a necessidade intransferível de amadurecer intraconsciencialmente.

O caminho que vamos trilhar a partir de agora inicia-se pela caracterização da problemática evolutiva: a inércia quanto à evolução consciencial, reforçada pela mesologia e os reflexos desta sobre as consciências, somada à covardia evolutiva. Poderemos avaliar valores pessoais e compreender melhor algumas de nossas posturas e reações. Em seguida, partiremos para as formas de trabalhar visando a auto-superação deste quadro, melhorando a auto-organização, diminuindo a assedialidade e a autoculpa e assumindo a multidimensionalidade. E finalmente, aprofundaremos o estudo da coragem correlacionando-a com as mudanças comportamentais para otimizar a produtividade consciencial.

Capítulo 2

A MESOLOGIA

"A consciência experimenta, em cada nova existência, transformações significativas quanto à própria situação: alterações quanto ao estado consciencial de lucidez, mudança de veículo de manifestação, como também passa a sofrer todo o tipo de influência física ambiental – mesologia".
Málu Balona

A compreensão da necessidade da coragem começa na análise sobre a influência direta dos valores estabelecidos pelo ambiente em que se vive. O padrão sociocultural no qual se está inserido exerce significativo peso na formação comportamental do indivíduo em nova vida intrafísica.

A análise mais comum da mesologia é feita em função do corpo físico ou apenas em relação à vida física e suas variáveis. Nesta abordagem, o paradigma cartesiano-mecanicista é utilizado como referencial metodológico de estudo. Entretanto, este modelo mostra-se insuficiente para uma análise multidimensional da mesologia, pois a consciência não pode ser fragmentada como sendo apenas intrafísica ou apenas extrafísica. Estas dimensões não são estanques, isoladas uma da outra, mas interdependentes o tempo todo.

A Conscienciologia, utiliza em suas pesquisas o *paradigma consciencial*, teoria que aborda nossa manifestação de maneira integrada, ressaltando os seguintes aspectos:

1. Multidimensionalidade. Manifestamo-nos em múltiplas dimensões, influenciando e sendo influenciados por estas constantemente, com maior ou menor intensidade, conforme o estado consciencial em que nos encontramos:

- *intrafísico* (personalidade humana, consciência intrafísica ou *conscin*);
- *extrafísico* (consciência extrafísica ou *consciex*);
- *projetado* (quando vivenciando uma experiência fora do corpo físico).

Nossa procedência é *extrafísica.*

2. Holossomática. Utilizamos 4 veículos básicos de manifestação:

- *soma* ou corpo físico. O mais rústico e o mais frágil de todos, pois é facilmente desativado. É controlado pelo cérebro;
- *energossoma* ou corpo energético. Veículo de interface entre o soma e o corpo extrafísico (psicossoma). Responsável pelas trocas energéticas mais intensas, absorções e exteriorizações de energias. Trabalhado pela acupuntura, do-in e homeopatia, tem relação direta com o estado de equilíbrio do corpo físico;
- *psicossoma* ou corpo emocional. Corpo extrafísico utilizado diretamente pelos projetores e consciências extrafísicas. Geralmente, apresenta a forma humanóide. Seu paracérebro – cérebro extrafísico – controla o cérebro do soma. Concentra de maneira mais intensa o processo emocional;
- *mentalsoma* ou corpo mental. Sem forma definida, sede da consciência, responsável por seus atributos superiores, entre os quais a lógica, a racionalidade, a coerência, o juízo crítico, a memória e o *discernimento.* A consciência, através do mentalsoma, controla o paracérebro do psicossoma.

O ser humano em estado de vigília física ordinária (acordado) apresenta estes 4 veículos em estado de coincidência, atuando em conjunto e entrosados, embora a característica operacional básica de cada um seja mantida.

3. Bioenergias. Manifestamo-nos basicamente através de campos organizados de energia (veículos citados anteriormente) e por sistemas de trocas de energias – pensenes. Uma vez que a energia pode ser convertida em matéria, conclui-se, logicamente, que a consciência não é energia. As bioenergias são estudadas em todas as formas de interação e atuação energética dos seres humanos.

4. Multiexistencialidade. Passamos por múltiplas vidas intrafísicas, necessárias para o aprimoramento e evolução rumo à maturidade integrada – estado de maturidade consciencial mais evoluída, além da maturidade biológica ou física, e da maturidade mental ou psicológica; holomaturidade (o domínio de todos os aspectos já descritos).

Diante do paradigma consciencial, ampliamos a avaliação sobre a mesologia, evitando a redução da análise para uma única vida humana, família e costumes sociais. A visão limitada, linear e monodimensional, dificulta a percepção da extensão da influência social sobre o comportamento humano.

Entre as várias abordagens do tema, derivadas da ampliação oferecida por este novo paradigma, vamos nos deter na análise de alguns costumes e tradições dificultadoras da aquisição de um melhor nível de maturidade.

Quanto maior for o equilíbrio e o discernimento de uma consciência, menor é a interferência negativa de variáveis externas e vice-versa. Isto não significa maiores facilidades com os progressos conquistados, pois a complexidade das tarefas a serem desempenhadas aumentam na mesma proporção. Melhora entretanto, a tranquilidade íntima advinda da lucidez de se saber o que está fazendo e as razões para estar fazendo, dentro de uma escala de prioridades bem definidas.

A mesologia ou ecologia, ciência que tem por objeto as relações entre os seres e o ambiente em que vivem, comporta uma distinção entre os fatores extrafísicos e intrafísicos, facilitando a compreensão da *herança mesológica multiexistencial.*

Se admitirmos que somos o resultado de nossas experiências anteriores, a análise deste fator não deve ficar restrita a vida atual.

A sociedade moderna muda rapidamente devido ao avanço da tecnologia, porém as angústias humanas pouco se modificaram nos últimos milênios. A maioria dos problemas do homem, moderno ou do passado, giram em torno das mesmas variáveis: o usufruto do poder e o *status*, a aceitação e o reconhecimento do grupo, a afetividade e a sexualidade, entre os principais. Dizem respeito à vida de relação, característica do ser social em suas expectativas sobre os outros e em sua busca de também atender às cobranças alheias, direcionando, de um modo ou de outro, o comportamento dos membros de uma sociedade.

Esta condição exerce forte pressão no estabelecimento das prioridades e valores de uma pessoa, seja alimentando o estado de *ectopia consciencial* – execução insatisfatória da programação existencial, de maneira excêntrica, deslocada, fora do roteiro programático escolhido para a própria vida intrafísica – , fato mais comum, seja impulsionando-a à frente, fazendo-a compreender melhor o mecanismo evolutivo para trabalhar na superação das limitações pessoais, fato bem mais raro.

Fatores Extrafísicos

A *para*mesologia ou *para*ecologia, pesquisada pela *Parassociologia* – que estuda, além das *sociedades humanas,* as relações entre as consciências extrafísicas e suas respectivas sociedades –, pode ser estudada de maneira objetiva pelos projetores conscientes, através das experiências fora do corpo, ao conhecer e tirar conclusões momentâneas sobre as *dimensões extrafísicas* diretamente, sem intermediários. A qualidade de seus estudos depende exclusivamente da capacidade individual de acuidade e isenção na observação dos acontecimentos presenciados ou protagonizados.

A prática projetiva nos mostra a tendência do indivíduo em manter os mesmos hábitos de pensamento e comportamento exibidos no cotidiano intrafísico, mesmo quando projetado fora do corpo, salvo experiências de expansão da consciência na qual há um acréscimo qualitativo na elaboração mental. Assim, se a pessoa possui tendências místicas ou de deslumbramento na dimensão física, provavelmente as terá também nas dimensões extrafísicas.

A atitude ideal do pesquisador cientista é menos opinativa e mais descritiva. A ansiedade em obter e dar respostas imediatas e absolutas é uma postura anticientífica e não favorece o crescimento da média evolutiva do planeta. Todo dogma reprime.

As sociedades *extrafísicas* apresentam características peculiares, diferenciadas dos moldes conhecidos aqui na dimensão material. As consciências componentes de determinada comunidade extrafísica apresentam condições aproximadas de lucidez e equilíbrio. Não há grande diversidade de níveis evolutivos. Já as sociedades humanas apresentam desde indivíduos marginais à evolução até seres altamente evoluídos, a exemplo do *Homo sapiens serenissimus*, modelo evolutivo máximo de eficiência consciencial para os habitantes deste planeta, segundo a teoria proposta por Vieira, apresentada publicamente em 1970 e, até o momento, irrefutada (ver Bib. 40).

Na vida humana, podemos ensinar o que sabemos, a prática da assistência, e aprender o que ainda desconhecemos, a assistência recebida, respaldada pela experiência pessoal.

Nas comunidades extrafísicas, devido a falta de maior diversidade, há uma tendência à manutenção das mesmas ideias e comportamentos, dificultando a reciclagem do padrão dos pensenes de seus habitantes. Eis uma das razões da necessidade de renascermos nessa dimensão física. Esta reciclagem é essencial à evolução consciencial.

Pode-se observar, através das projeções lúcidas, a interferência das sociedades extrafísicas sobre as sociedades intrafísicas, em virtude de ambas encontrarem-se dentro de um mesmo bolsão energético (dimensão energética – dimener), embora a manifestação predominante de seus habitantes ocorra em dimensões diferentes (ver Bib. 40, p. 211).

Importa ao pesquisador atento lembrar que qualquer dimensão ou sociedade reflete o equilíbrio ou desequilíbrio de seus habitantes. O projetor lúcido deve ter isto em mente para saber como melhor atuar nestas dimensões (ver Bib. 46).

Há dois fatores *extrafísicos* intervenientes para as consciências *intrafísicas* nesta abordagem da *mesologia multidimensional.*

1. Energias. A interferência sofrida pela atuação do padrão de energias de um ambiente (a casa, a escola, o trabalho, o clube, o restaurante), de modo sadio e equilibrado ou intoxicado e desequilibrado. Esta interferência também provém das energias de outras consciências (intrafíscas e extrafísicas) presentes. A somatória destes padrões constitui o holopensene gravitante (pressão holopensênica) dos ambientes, que, também somados, formam os holopensenes de agrupamentos sociais maiores (cidades, países), passíveis de sofrerem a influência de comunidades extrafísicas sobrepostas.

Torna-se mais fácil perceber esta diferença do padrão de pensamentos, sentimentos e energias quando a pessoa sai da cidade onde mora por algum tempo; vai para um lugar com um holopensene diverso, observa com atenção e, depois, retorna fazendo a comparação.

Quem é mais sensível às energias sofre mais esta influência, podendo ter variações repentinas de humor ou de disposição física conforme o lugar visitado. Mas, se mantiver a lucidez, percebe o padrão energético e pode melhorar o nível de isenção relativa. A isenção é relativa porque depois de certo tempo em um local aumentam as chances de ocorrer uma "intoxicação", isto é, acostumar-se de tal forma ao ambiente que o fator mais proeminente (odor, ruído, aparência, etc.)

torna-se desapercebido. Tal intoxicação é ainda mais intensa em relação às energias, uma realidade mais sutil.

A identificação dos holopensenes gravitantes tem significativa importância para a diferenciação entre os valores culturais mesológicos e os valores pessoais. A força do ambiente *versus* a auto-herança multiexistencial (paragenética), já somada às experiências adquiridas nesta vida atual. O discernimento, um atributo mental mais sofisticado, começa com a diferenciação entre a ideia derivada das próprias experiências e reflexões, e a externa, sugerida.

2. Consciências extrafísicas. A interferência direta ou indireta dos habitantes das dimensões extrafísicas sobre o comportamento humano é muito mais intensa do que se possa imaginar. Há dois padrões básicos de interferência.

- *Dos amparadores.* Mais lúcidos para o processo evolutivo, procuram ajudar de maneira isenta na tentativa de facilitar o desenvolvimento dos assistidos. Amparador não manipula as decisões do amparando e tampouco persegue ou escorraça os assediadores deste (assediador de assediadores).
- *Dos assediadores e guias extrafísicos cegos.* Com baixo discernimento, tentam impor suas vontades e sentimentos, visando atender interesses egoísticos.

Uma pessoa, com hábitos, costumes e valores adquiridos e reforçados por toda uma vida, não melhora a qualidade de suas manifestações simplesmente porque desativou o corpo físico. Pode inclusive, conforme o nível evolutivo, ver estes traços de sua personalidade reforçados pela emocionalidade, devido a vivência através do corpo emocional (psicossoma), diminuindo ainda mais sua lucidez para sua condição extrafísica.

Por pensar na vida física (intrafisicalidade) como a única realidade, muitas consciências tentam manter, a todo custo, os mesmos hábitos de quando possuíam um corpo humano. Devido aos condicionamentos mentais adquiridos em vida, buscam suprir as dependências fisiológicas, energéticas e emocionais através daqueles que possuem um corpo físico. Assim, procuram exercer domínio ou poder sobre quem se mostra vulnerável. Esta é a base para entendermos a assedialidade extrafísica mantenedora dos padrões mesológicos estagnadores da evolução.

Este fato pode ser observado pelo clarividente desenvolvido no dia a dia da vida em sociedade e pelo projetor lúcido em suas experiências nas dimensões extrafísicas. Existem vários livros de relatos projetivos retratando com maior profundidade a realidade das dimensões extrafísicas. Para nós, neste momento, interessa salientar que esta influência existe e, portanto, interfere no comportamento do indivíduo.

Para quem deseja, cada vez mais, pensar por si, livre das pressões externas, incluindo as de origem extrafísica, tornam-se valiosos recursos o desenvolvimento bioenergético e o domínio do *estado vibracional (EV)* – condição técnica de dinamização máxima das energias do energossoma (corpo energético), através da impulsão da vontade (ver Bib. 40, p.348).

Estes recursos são indispensáveis para se conquistar a *desperticidade* – condição do ser Desperto (*Des* + *per* + *to*) –, o ser humano *des*assediado, *per*manente, *to*tal, plenamente autoconsciente de sua condição de não sofrer mais a interferência energética negativa de outras consciências.

O conhecimento adquirido em experimentos projetivos e parapsíquicos amplia a visão de conjunto sobre a multidimensionalidade e possibilita o desenvolvimento da *coragem assistencial*. Este atributo é essencial em confrontos energéticos (serviços de desassédio) e em trabalhos assistenciais extrafísicos mais complexos, como, por exemplo, o resgate extrafísico, uma operação assistencial evoluída em que se promove a mudança de uma consciência extrafísica necessitada, sequestrada, carente ou momentaneamente desequilibrada em suas faculdades mentais (*refém*), de um ambiente extrafísico para outro melhor (ver Bib. 43, p.188).

A *coragem assistencial* provém da confiança em si e na equipe de amparadores atuante no caso, em benefício de todos os envolvidos.

Os recursos citados (domínio das bioenergias e estado vibracional) também valem para as pressões externas de origem intrafísica. A matéria é um derivado da energia.

Fatores Intrafísicos

A mesologia (intrafísica) é o estudo da influência do meio sobre o indivíduo; a família, a cidade e o país, com suas heranças socioculturais, na formação dos hábitos, costumes ou padrões comportamentais de uma pessoa.

Sociedade é definida pelo estado de pessoas regidas por leis comuns, todo grupo ou agregado social que vive submetido às mesmas leis e cujas instituições fundamentais são determinadas por padrões culturais comuns (ver Bib. 12).

A consciência, quando aporta nesta dimensão física, não traz em suas células (neurônios) as informações que possuía antes do nascimento. A retomada da lucidez vai depender da capacidade de transmissão das informações do paracérebro ao cérebro físico, a força da paragenética e do possível curso intermissivo sobrepondo-se ou não ao novo energossoma e ao soma.

O restringimento da dimensão física, em geral, possibilita organizar melhor os pensamentos, base de nossas ações, sem o peso da lembrança dos erros passados, feitos ou sofridos. Para a maioria das pessoas, este esquecimento temporário constitui imenso alívio, pois falta ainda a estrutura emocional para lidar com determinadas informações do passado. Há pessoas inclusive com dificuldades de lidar com o passado mais recente, desta atual vida intrafísica, mais ainda de vidas anteriores.

Por outro lado, há também um esquecimento do período intermissivo, da procedência extrafísica e das linhas gerais da programação existencial. Esses fatores podem ser minimizados pela prática das projeções conscientes.

A ausência de experiências projetivas lúcidas transfere à imaginação a tarefa de definir a aparência e o contexto destas outras dimensões que, quando aceitas, são tratadas dentro do âmbito da crença. Porém, a imaginação, neste caso, revela-se insuficiente para diminuir o nível de perturbação da consciência após a desativação do soma (morte biológica ou dessoma).

A ignorância, as crenças convictas, o materialismo e a falta de experiências projetivas pessoais são fortes elementos que favorecem a ocorrência da *parapsicose pós-dessomática* – condição na qual a consciência já perdeu o corpo humano, mas pensa, sente e julga ainda prosseguir vivendo *dentro dele* e com ele (ver Bib. 37, p.84).

Embora mais de 50% da população mundial aceite a teoria das múltiplas vidas, a maioria traz esta informação somente no âmbito da teoria, sem aplicações práticas significativas. As informações do passado multiexistencial surgem apenas de maneira intuitiva, mas, ainda assim, influenciam nas características da personalidade humana.

Os comportamentos de cada um se diferem, mesmo em gêmeos univitelinos. Para exemplificar, podemos citar um caso de gêmeas xifópagas (duas cabeças num mesmo corpo) ocorrido nos Estados Unidos. Obviamente recebendo os mesmos estímulos, aos 6 anos de idade, apresentavam personalidades distintas com evidentes diferenças de humor, comunicabilidade, iniciativa e outras. Questionadas sobre o futuro, uma queria ser dentista e a outra astronauta.

Mesmo com o esforço social para enquadrar o comportamento dos componentes de uma sociedade, somos todos diferentes.

Cada um tem uma forma toda particular de interpretar as informações recebidas, devido à bagagem de experiências anteriores e que, somadas às atuais, pouco a pouco, modelam a individualidade. Entretanto, a fragilidade gerada pela ignorância a respeito de si e da própria natureza torna o direcionamento social mais forte.

Pressão Institucional e Comportamental

As sociedades, de modo geral, por mais diferentes em suas características culturais, padrões de ética ou instituições prioritárias, sempre buscam fornecer aos indivíduos um "manual de instruções", um modelo de comportamento básico, equitativo, padronizado.

Esse "Guia Prático Social" ditado pelos costumes regionais contém normas de responsabilidades, prioridades grupais e individuais, etiquetas, expectativas diversas, buscando rotular comportamentos e controlar ações, gerando tendências que influenciam a todos os seus habitantes. Esta influência atinge e, ao mesmo tempo, é retroalimentada pelas consciências extrafísicas próximas e seus respectivos condicionamentos.

Dentro dos agrupamentos humanos, um dos instrumentos mais usuais de influência interconsciencial é o poder temporal, modelo de sucesso social, cujo *holopensene* é fartamente reforçado pela grande maioria das populações. A imagem do sucesso de uma pessoa, medido pelo poder exercido e pelo prestígio social desfrutado por ela, está fixada em bases materialistas, monodimensionais e, portanto, de visão simplista e pobre perante a perspectiva multidimensional e multiexistencial.

A sedimentação e fossilização do holopensene do poder temporal pode ser explicada por 2 fatores básicos.

1. A origem filogenética aponta que o homem, tal qual os animais, demarca seu território de domínio e, quando em grupo (bando), segue um líder, geralmente o mais forte, detentor do poder. O poder cria regalias mesmo entre os animais.

2. A própria passividade do grupo, a lei do menor esforço, revela a tendência de as pessoas preferirem se adaptar a um sistema já pronto a procurar uma alternativa diferente, que lhes exija mais perseverança e disciplina.

A preferência por este sistema está também baseada no medo das pessoas de, com uma liberdade maior, tornarem-se os únicos responsáveis pela própria história e não terem a quem culpar se fracassarem.

Buscar o autoconhecimento, meta de toda consciência mais lúcida, significa atuar como microminoria dentro de uma sociedade autômata e adotar prioridades contrárias às da maioria. Exige coragem.

A resistência à liberdade está no medo de ter a si como comandante da própria trajetória evolutiva.

Ao observar um boi pastando tranquilamente, com o único objetivo de suprir a necessidade de alimento, poderíamos nos perguntar qual o nível de preocupação deste com a própria evolução. Teria alguma? A preocupação de boa parte da população humana com a evolução consciencial é semelhante, mudando apenas as características do *rebanho* e do *capim*. Porém, a capacidade de aprendizagem humana torna as duas condições muito diferentes. Todo esforço no sentido de despertá-la vale a pena.

Henry Thomas, historiador americano do início do século 20, considerava que o ser humano é naturalmente preguiçoso, de pouca iniciativa e, em geral, só busca novas alternativas de vida quando não tem outra opção. Ao analisarmos a história, podemos concordar com esta afirmação e inclusive estendê-la aos processos relativos ao esforço evolutivo das consciências.

No artigo *Contas Correntes Cármicas*, Vieira aponta que a filosofia de vida, ou a escala de valores de uma pessoa, influi de maneira decisiva nos seus relacionamentos interconscienciais, nos débitos e créditos de cada um. A consciência evolui nos agrupamentos humanos numa escala ascendente dentro do contexto social, através de patamares ambientais, geográficos e sociológicos bem caracterizados (ver Bib. 47).

A estrutura social se mantém alicerçada na primazia das instituições sociais representantes das bases dominantes que modelam o comportamento esperado do grupo.

Entre as instituições sociais que mais influenciam a formação do indivíduo, 3 se destacam: familiar, escolar e religiosa. Além destas, existem os grupos de convívio complementares.

A Instituição Família

A família é considerada uma das vigas mestras da sociedade, a porta de entrada da consciência na dimensão física. Estudos recentes indicam que a personalidade e as emoções começam a se formar antes do nascimento, na fase intrauterina. Os fetos recebem, através do cordão umbilical, as reações químicas provindas do estado emocional da gestante. Segundo estes estudos, os filhos indesejados pela mãe têm maior chance de serem esquizofrênicos ou autistas. Acredita-se também que certas habilidades, por exemplo, a sensibilidade musical e linguística, começam a se formar dentro do útero. Pesquisas procuram demonstrar esta interferência em fetos que se desenvolveram em um determinado país, onde durante a gravidez a mãe falava uma língua estrangeira. Estes fetos apresentavam dificuldades para aprender a língua nativa da mãe quando esta retornava ao país de origem após o parto (ver Bib. 8).

Na família, a consciência recebe o crivo da genética e tem, na fase inicial de vida, o momento mais importante do desenvolvimento cerebral, necessitando de condições satisfatórias para não comprometer o futuro desempenho. Entre os 2 e 5 anos de idade, qualifica seus inter-relacionamentos, dando as diretrizes básicas do *modus operandi*, valores, afetividade e estruturação do raciocínio, de acordo com os moldes recebidos.

Os problemas da desestrutura familiar vincam o indivíduo por toda vida, exigindo autopesquisa teórico-prática e compreensão para a superação dos inconvenientes gerados. Os traumas, nem sempre claros sob o ponto de vista consciente, influenciam de maneira significativa nas posturas, formas de relacionamento interpessoal, reações e escolhas feitas em momentos mais decisivos da vida.

Na família, começam os primeiras pressões sobre a necessidade de atender às expectativas dos outros.

O vínculo emocional forte favorece a existência de um sistema de cobranças mútuas. Quanto mais profundo for o vínculo emocional, maiores tendem a ser as expectativas e exigências sobre o comportamento uns dos outros. Isto não significa uma intencionalidade negativa. É em nome do amor que mais se reprime. Os pais, já reprimidos, reprimem os filhos com medo deles não se ajustarem à sociedade e sofrerem com isto. O sentimento desencadeador da ação é positivo, embora a forma e o resultado possam vir a ser desastrosos para a consciência.

Qualquer família sempre idealiza para os descendentes o melhor para eles, porém, segundo critérios e concepções derivadas dos próprios anseios, sonhos e frustrações, geralmente ectópicos em relação à programação existencial dos mesmos.

Há aquelas que permitem aos seus integrantes maior liberdade de expressão e, ao mesmo tempo, respeito; uma relação mais saudável; e há outras com grande rigidez e controle, de acordo com modelos mais tradicionalistas da cultura predominante.

Conforme o grau de controle, chegam a escolher a profissão e até o cônjuge. O resultado mais comum é o bisavô, avô, pai e filho exercerem a mesma profissão e os casamentos ocorrerem somente com pessoas do mesmo nível sócio-econômico, educacional, religioso e da mesma raça ou nacionalidade. A preservação do clã e a continuidade do nome e da tradição deve ser devidamente transmitida aos próximos descendentes, num atavismo fossilizador. Este padrão mesológico é mais comum onde a rigidez ideológica da família e da religião se confundem.

Neste caso, esta defesa excessiva tem alto preço no desenvolvimento evolutivo da consciência, devido as contínuas pressões para não recuperar a individualidade, não raro, sendo até renegada em nome da crença de que *"a família está acima de tudo"*. Aceitar esta independência de valores, para os outros componentes, significa admitir que o comportamento assumido e defendido pelo grupo não seja o ideal ou possa estar incorreto. A inflexibilidade apresenta-se mais intensa quanto maior a inconsistência dos dogmas estabelecidos.

"A defesa da estrutura familiar faz com que a consciência se enclausure dentro de uma torre de marfim, perdendo a noção das características que compõem o grupo, e qual a verdadeira razão desta união temporária no processo evolutivo pessoal de cada um dos membros, e no contexto como um todo" (ver Bib. 47).

Quanto maior o egocentrismo, maiores são as cobranças da pessoa quanto aos direitos em relação aos outros.

Os mais críticos ou questionadores, tentam crescer por si e precisam vencer, além dos próprios obstáculos evolutivos, a pressão frequentemente sofrida pela sensação de dever, obrigação, respeito e amor pelos demais componentes do grupo no qual estão inseridos.

Mesmo as famílias mais informais esperam de seus integrantes um desenvolvimento condizente com as expectativas fundamentadas em padrões sociais considerados corretos. Querem poder sentir orgulho dos pais, filhos, netos, irmãos ou irmãs, e quanto maior o status alcançado, melhor. De um lado, legítimos representantes dos valores sociais estereotipados, e, do outro, muitas vezes, algumas programações existenciais escoando pelo ralo.

A adaptabilidade da consciência a esta padronização chega ao ponto de muitos não perceberem a característica subliminar, porém intensa, desta instituição na formação dos valores pessoais. Se questionados sobre este assunto, dizem agir por valores próprios, mas, na verdade, são os mesmos de todo o grupo. Você enxerga com clareza quais os seus valores que diferem do seu grupo familiar?

As diferenças de posicionamento dentro do grupo implicam em 2 tipos de conflitos.

1. **Sadios.** Quando dão origem à criatividade e a novas formas de solucionar problemas.

2. **Patológicos.** Quando não há abertura para novas ideias e surgem mágoas que não são devidamente trabalhadas.

Conforme o desenrolar da vida e o tipo de pressão sofrida, nem sempre é possível solucionar determinadas questões da maneira ideal. A melhor atuação se insere dentro do inevitável postulado: em se tratando de consciência, *cada caso é um caso.* Às vezes, é necessário esperar melhores tempos ou oportunidades para obtenção dos resultados esperados, sempre visando o amadurecimento necessário dos envolvidos, sem sacrificar o cumprimento da programação existencial.

Justificar o desempenho evolutivo insatisfatório através da família é uma covardia evolutiva.

A Instituição Escola

O segundo contato ou campo de atuação da consciência é a escola, o reencontro mais expansivo com o grupo evolutivo e os vários níveis de maturidade consciencial. Aqui, encontramos o ensino direcionado segundo os padrões culturais vigentes e o patamar médio de capacidade cognitiva de docentes e discentes.

A criança passa a ter dois grupos de convívio e ambos influenciam pensamentos, sentimentos/emoções e ações para um modelo que reflete, na verdade, o equilíbrio ou desequilíbrio das classes sociais existentes.

Já existem modelos de escolas mais avançados, os quais procuram incentivar o desenvolvimento da criatividade e da genialidade nos alunos. Trabalham no desenvolvimento de habilidades a partir de métodos diferentes, que tornam o ensino divertido e, ao mesmo tempo, produtivo. Embora sejam a exceção e não a regra atualmente, este novo modelo aponta para uma severa inovação no sistema educacional.

O modelo de educação mais comum, ainda hoje adotado nesta dimensão física, pouco ensina a pensar, mas, prioritariamente, obedecer.

As manifestações mais espontâneas, diferentes daquelas preestabelecidas há várias gerações, sem qualquer revisão, são imediatamente reprimidas. Parte-se do princípio de que *o diferente pode ser perigoso.*

Quando começariam a despontar as qualificações da consciência para a vida, sobrevem o reforço dos comportamentos da ideologia dominante, a massificação das repressões, autoritarismos e condicionamentos predeterminados. O indivíduo, ainda em formação, tem as posturas mais originais tolhidas, sem uma análise mais profunda das raízes e consequências dessas atitudes, da validade ou do conteúdo informacional das mesmas.

Os próprios colegas, quando já trazem assimiladas as formas de repressão que lhes foram impostas, passam a pressionar esta criança que, discordando desse modo de agir, vê-se deslocada. São comuns os relatos de parapsíquicos com problemas de relacionamento na escola por serem "diferentes" dos outros. A inadaptabilidade à família e à escola pode desencadear a *Síndrome do Estrangeiro* na consciência predisposta, inibindo o seu desempenho se não for identificada e trabalhada (ver Bib. 5).

Málu Balona, propositora desta teoria, afirma que "essa sensação de estranho no ninho, característica de muitos projetores conscientes, parapsíquicos, hiperativos e superdotados, aparece muito cedo, acompanhada de um sentimento de insatisfação e busca permanente de respostas". Essas respostas transcendem aos sistemas fisicalistas de análise do ser humano.

Os educadores, pouco preparados para trabalhar com essas crianças porque há um rótulo "aluno-problema" preestabelecido para aqueles que não seguem o esquema padrão da sociedade, quando deparam-se com este quadro, têm pouca abertura para um diálogo mais franco, no qual seriam educadores e orientadores ao mesmo tempo.

Aos professores, é preciso muita atenção e despojamento para melhor exercer esta função de tamanha responsabilidade.

"Na instituição escolar, deveria sempre nascer o conceito da disciplina no desempenho da atividade inteligente, a fim de gerar a aprendizagem, a postura crítica, mas onde a autoridade nem sempre se baseia no diálogo e busca comuns" (ver Bib. 47).

Na prática educativa de melhor qualidade, há sempre o aprendizado mútuo. Para o pedagogo Paulo Freire, "não há quem, educando, não se eduque e se reeduque. Não há quem, aprendendo, não ensine. E isso até ultrapassa a consciência do aluno, e muitas vezes, do próprio professor. A tarefa do professor é mostrar ao aluno como é que ele assimila a definição do objeto que ele está ensinando, a caracterização, a essência da ideia. Não dá para aprender sem compreender".

A qualidade *do* e a aptidão *para* o ensino praticado hoje pela maioria dos docentes apresentam sérias deficiências. Os professores devem estar atentos para a possibilidade de existirem alunos com mais conhecimentos e maturidade evolutiva do que eles, para melhor orientar o desenvolvimento destes nesta fase da vida humana.

O sistema adotado na maioria dos regimes escolares do mundo, tende a exigir, em primeiro lugar, a memorização; depois, se possível, o aprendizado. Se o aluno tem memória adequada a este tipo de desempenho e se acostuma a este modelo, é considerado inteligente e bom aluno. Se não, é considerado inapto.

Na prática, um bom aluno não assegura um bom profissional. A prática profissional de qualidade exige, além de conhecimento teórico, dinamismo, criatividade e *coragem* para enfrentar desafios, fatores não ensinados por este modelo. Ao esperar do chefe ou da empresa a resposta certa a qual foram acostumados a ter dos pais e professores tornam-se profissionais medíocres e de pouca criatividade.

Freire reforça esta tese dizendo ser "preciso ensinar ao aluno a ler a realidade, para ele aprender a reescrever e transformar essa realidade". Isto inclui a liberdade para pensar de modo diferente, sem a qual não existe inovação e nem progresso.

O educador assume uma responsabilidade ética indiscutível. Devemos complementar a análise de Freire ressaltando que esta realidade é multidimensional, multiexistencial, holossomática e bioenergética. Para Vieira, o ensino das energias e do estado vibracional deveria começar no primeiro ano da escola. Nossa vida é energética.

A Instituição Religiosa

Na instituição religiosa está a base do comportamento e dos valores de uma sociedade. A força deste holopensene é ainda muito poderosa em nosso planeta. Influencia o comportamento familiar, escolar, social e o funcionamento da própria justiça. Nas chamadas "guerras santas", matar em nome de um ser supremo era e é um ato sagrado. A repressão que exerce é a mais antiga e forte sobre a ação da consciência multiexistencial, porque institucionaliza o conceito do certo e do errado, bem e mal, virtude e pecado, conforme os interesses de quem comanda.

A influência da religião é menos negativa quando serve de parâmetro para diminuir desacertos marginais (roubo, tráfico, homicídios), ou quando se torna o fixador psicofisiológico para esta dimensão, a razão para uma pessoa continuar vivendo, evitando suicídio ou a desativação do soma por depressão ou causas semelhantes. Para quem está desesperado, acreditar na existência de seres divinos, ou fatores fora dela capazes de tirá-la daquela situação, acaba sendo o único alento de vida, e, de sua parte, os amparadores ou as consciências extrafísicas simpatizantes fazem o que podem para ajudá-la.

A instituição religiosa serve de opção também para o exercício inicial da *tarefa assistencial de consolação*, primeiro movimento da consciência para além do próprio ego, necessário devido ao nível de desigualdade social do planeta. Sua atuação, entretanto, ultrapassa esta condição e afeta o desenvolvimento de quem já poderia desfrutar de experiências mais avançadas e, no entanto, se encontram estagnados devido a condicionamentos, preguiça mental, medo ou falta de questionamentos sadios a respeito das próprias prioridades de vida.

É fácil manipular alguém utilizando o medo de algo que lhe seja desconhecido. A ideia do "paraíso ao alcance de quem segue os preceitos da igreja, ou do inferno para aqueles que os desobedecerem" é um típico exemplo. O fanatismo, fator comum, é tema dramático quase diário dos telejornais. *Nada matou e mata tantos homens na história da humanidade como as causas ou pretextos religiosos.*

O poder da religião fez-se presente na Argentina (1995), onde ocorreram discussões sobre a manutenção da Teoria da Evolução das Espécies no ensino público. Esta teoria contraria a versão bíblica da criação de uma forma já definitiva (Criacionismo). Após a *negociação* com uma comissão de religiosos, manteve-se este estudo no currículo, mas foi suprimido o nome do autor, Charles Darwin. Pior ainda ocorreu no Kansas, EUA, (1999), onde a teoria de Darwin foi retirada do ensino público em favor do Criacionismo. Sem dúvida, 2 exemplos de regresso aos tempos medievais.

Não há consenso sobre a origem das religiões, mas a tese mais aceita nos reporta às primeiras tribos da humanidade. Os chefes destas tribos eram muito temidos por sua força e ferocidade. Pelo fato das pessoas verem os próprios reflexos na água e, durante seus sonhos, verem outras pessoas, concluíam que todos deveriam ter dois corpos: um para a vida física e outro para após a morte biológica. Esses chefes, temidos em vida, eram mais ainda depois de fisicamente mortos, quando não se sabia ao certo onde estavam ou qual a extensão de seus poderes. Para conseguir graças, os membros da tribo ofereciam orações e oferendas às imagens do chefe morto. Assim, surgiu o primeiro conceito de "Deus" ou melhor, deuses. Mesmo hoje, é comum escutar coisas do tipo: "não faça isto! *Deus castiga*".

A ignorância fragiliza e escraviza a consciência. Qual será o efeito desta repressão vida após vida? A necessidade de ter uma crença em um ser superior vem dominando a estrutura do pensamento humano durante o decorrer dos séculos.

Não vamos discutir a existência ou não de um criador para todas as coisas, pois nada se pode provar a respeito; nem a existência, tampouco a inexistência. Deixaremos esta discussão para a Mateologia, o estudo inútil de assuntos superiores ao alcance do entendimento humano. Porém, o conceito de "Deus" mais usual na sociedade chama a atenção. Este conceito transfere a responsabilidade da pessoa sobre sua qualidade de vida e sobre as coisas que lhe acontecem. É o mesmo tipo de dependência que a criança apresenta, no início da vida, com relação aos pais.

Inicialmente, a criança depende dos pais para ter comida, morada, deslocamento e até mesmo higiene (transferência de autopreservação). Quando começa a dar os primeiros passos, a todo erro cometido que a assusta, remete-se imediatamente a eles para chorar, pedir desculpas, proteção ou para limparem os "rastros" dos estragos realizados (transferência de responsabilidade). Quando quer algo e não sabe fazer ou não tem vontade, pede para estes fazerem (transferência de aprendizagem). Na visão da criança, os pais são os responsáveis pela recompensa ou castigo recebidos (transferência de resultados).

O instinto natural de sobrevivência do ser humano faz surgir o egocentrismo na fase infantil. Neste período, o mundo gira ao seu redor, pensa muito em direitos e pouco em deveres. Se questionada sobre seus atos, a criança tenta justificar qualquer erro cometido. E, na hora do aperto, grita: paaiêêê!!!!

O comportamento de vários adultos é muito semelhante ao descrito. "Crianças crescidas" utilizam o mesmo artifício infantil, com relação aos pais, agora reproduzido no conceito de "Deus". Dentro do contexto religioso, a transferência é o mecanismo preferido para quem quer justificar a não realização de algo ou o estado atual insatisfatório em que se encontre. Usa sempre o argumento: *"foi Deus quem quis assim"*.

Esta é uma posição muito cômoda, tanto quanto a falácia de o arrependimento poder resolver, de uma vez, todos os equívocos cometidos. A ideia do "perdão divino" mostra-se totalmente ingênua perante a realidade das manifestações multidimensionais da consciência, pois em nada minimiza o fato de que os acoplamentos ou afinizações energéticas geradas trazem a ela o retorno (consequências) de suas ações. A única forma de se desvencilhar dos reflexos de suas ações negativas ou prejudiciais a si ou a outrem, é produzindo atitudes sadias e benéficas. Esta é uma experiência individual, intransferível e, cedo ou tarde, passaremos por ela. Não há qualificação do conhecimento sem estudo e esforço pessoal. A fé não substitui o aprendizado. Não há mágica na evolução consciencial.

Poucas pessoas assumem a responsabilidade real sobre si. Acreditar em algo ou em algum ser superior capaz de cuidar dos seus passos e limpar todos os rastros deixados para trás é um conforto para quem não se garante quanto à qualidade dos próprios atos ou tem medo das consequências destes. Assim, rezam para não ter que pensar e pedem para não precisar fazer.

A crença é uma necessidade para quem tem medo de assumir a responsabilidade sobre sua própria ignorância.

Neste contexto, as escolhas da pessoa são guiadas com a promessa da "salvação eterna", conquanto viva não faça muitos questionamentos aos princípios dominadores exercidos por qualquer religião ou seita e, mansamente, se adapte ao sistema.

"O misticismo, as *megaigrejas*, os *shoppings* da fé, os excessos da chamada *Nova Era* e a desinformação produzem um coquetel de efeitos imprevisíveis, mas sempre negativos sobre as consciências mais despreparadas" (Vieira, 1994).

Mesmo quem se diz questionador deste ou daquele dogma da própria religião, os não fanáticos ou não praticantes, em geral, ainda casam-se nas respectivas igrejas, sob a bênção do padre, pastor ou guru, demonstrando o quanto estão presos a esta instituição e ao molde social, pela pressão que exercem sobre eles.

Os efeitos mais subliminares da religião sobre a evolução da consciência são verificados na análise dos modelos mentais aplicados no processo religioso. A base é a crença, aceitar como verdade, ter fé, acreditar mesmo sem compreender, ou seja, uma aitude mental passiva.

Por outro lado, o modelo mental aplicado à evolução é investigador e questionador, a começar de si mesmo e das próprias escolhas. Evoluir significa buscar novas perspectivas, reciclar, renovar, expandir, ou seja, requer uma atitude desafiadora dos próprios modelos mentais para buscar opções mais coerentes com a maturidade atual. O conhecimento progride sempre.

Grupos de Convívio Complementares

O complemento inicial das atividades da consciência desenvolve-se no bairro, onde começa a se formar o primeiro grupo de convívio social um pouco mais amplo. Há pessoas, entretanto, que param por aí. Nas grandes metrópolis é comum encontrarmos indivíduos vivendo apenas dentro do próprio bairro, fechados em um mundinho e observando a vida através da tela de televisão. A aldeia cresceu e modernizou-se um pouco.

Muitos jovens, quando percebem o cabresto que lhes tentam impor, gritam alto, rebelam-se. O rebelde, muitas vezes, é aquele que, ao sair desta condição repressiva, errou na medida, passando de um extremo ao outro, sem maior qualidade de atuação. Surgem variados tipos de manifestações pessoais através de roupas, cabelos, pinturas, formando grupelhos particulares também com suas regras.

É uma revolta pouco inteligente, pois nada prioriza além da revolta em si. Estes jovens, procurando espaço e reconhecimento dentro do grupo social, não conseguem explicar de maneira objetiva como pretendem melhorar o contexto no qual estão inseridos. Buscam no(a) amigo(a) sua identidade. Tornam-se resistentes à influência vertical, mas, frágeis à influência horizontal das companhias, em geral, com tão pouca experiência de vida quanto eles. Passam a ser alvo de assediadores extrafísicos que exercem ação negativa sobre eles, através de pensenes, criando acidentes de percurso desnecessários, passíveis de desviá-los de suas programações existenciais.

Fato semelhante ocorre com a pessoa quando se relaciona apenas com um grupelho muito particular e restrito, sectário, com o qual compartilha as mesmas ideias e posicionamentos. Em geral, são muito fossilizados e não admitem retóricas de qualquer natureza. Qualquer um que venha a discordar deles é imediatamente repudiado.

A cidade nada mais é do que a reunião de grandes grupos, diferenciados entre si, de acordo com afinidades e padrões de comportamento, formando um grupo maior, com um holopensene predominante.

Pessoas acostumadas a fazer defesas excessivas dos instintos em relação a comidas, vestuário, diversões e outras áreas de manifestação da existência intrafísica, quando se defrontam com problemas mais aflitivos, passam automaticamente a fazer uso de justificativas, evitando trazer para si a responsabilidade do que lhes acontece. Os erros e as mágoas são sempre atribuídos à família, à escola, ao azar. Entram em processo de vitimização, sentindo-se marcadas pelo destino, não reconhecendo que este é resultado das engrenagens que elas mesmas ajudaram a construir ou manter, no passado multiexistencial, no *moto-contínuo* das vidas humanas, dentro da lei de causa e efeito (carma).

Herança Mesológica Multiexistencial

Caracterizamos até aqui a *mesologia multidimensional*, analisando os fatores intrafísicos e extrafísicos que exercem influência sobre a consciência. Ao considerar a necessidade de múltiplas vidas na dimensão física, podemos fazer algumas ponderações:

1. *Alguns efeitos comuns de mesologias anteriores teriam consequências ainda atuantes no momento presente?*
2. *Esses efeitos poderiam interferir, por exemplo, na forma de elaborarmos o pensamento?*

Isso nos leva a refletir sobre a existência de uma *herança mesológica multiexistencial.*

Se aceitarmos esta hipótese, somos levados a aceitar também que nossa forma de construir o pensamento é muito mais influenciada pela concepção linear e monodimensional do universo, do que possa parecer. A sociedade nos ensina a pensar de acordo com este modelo desde a antiguidade, e só a vivência prática e direta da multidimensionalidade pode nos ajudar a superar esta limitação.

Há 3 argumentos que reforçam a noção da influência multiexistencial do meio sobre nossa personalidade:

1. Sociedades criam padrões. Vimos que qualquer sociedade procura criar padrões e normas de conduta para os integrantes, seja qual for o nível de desenvolvimento social, cultural, étnico ou tecnológico da mesma. Em qualquer época, o respeito e a integração a estes padrões são essenciais para maior aceitação social, prestígio, fama, poder e atendimento das demais necessidades sociais. Na autoestima sadia, o valor referencial é interno e medido pela produtividade consciencial. Na autoestima patológica, o valor referencial é externo e medido pela aceitação do grupo, e, neste caso, a necessidade de estar socialmente integrado é ainda maior.

A necessidade de serem aceitas pelos grupos faz muitas pessoas esconderem a existência de experiências projetivas (fora do corpo) ou parapsíquicas, com medo do que possam pensar dela, caso venha a torná-las públicas. Outros tentam coibir estas experiências, tratando-as feito doença. É o receio de parecer estranho ou diferente, fato que, em certas épocas da humanidade, pode ter lhes custado a vida.

Os padrões sociais passam a ser utilizados pelas consciências como referencial de normalidade e sanidade mental, levando a pessoa a ter uma idéia errada de si mesma, influenciado a forma dela se relacionar com o mundo. Para ela, o *normal* é o que é *comum* para a maioria.

A necessidade de que as coisas tenham sentido racional ou aceitação pública cria o conceito pessoal de lógica, de certo e de errado. A inadaptação aos conceitos do sistema pode criar a Síndrome do Estrangeiro, já citada.

Uma importante experiência de padronização dos conceitos de certo e errado, ou da coerência pessoal, foi citada no livro *O Cérebro Emocional,* de Joseph LeDoux. Esta experiência foi realizada por LeDoux e outro neurocientista, Michael Gazzaniga, em pessoas com o cérebro seccionado, sem comunicação entre os hemisférios cerebrais. Isto as fazem sentir um estímulo sem poder discernir de onde ele vem. A ideia era verificar de que maneira uma pessoa trabalha com informações geradas por um mecanismo mental inconsciente. Eis a experiência:

"...se instruíssemos o hemisfério direito a acenar, o paciente acenava. Quando lhe perguntávamos por que estava acenando, ele explicava que pensara ter visto um conhecido seu. Quando pedimos ao hemisfério direito para rir, ele disse que éramos engraçados. As explicações verbais baseavam-se na reação produzida e não no conhecimento do porquê de tais reações. Assim, ..., o paciente estava atribuindo explicações para a situação como se ele tivesse a percepção introspectiva da causa do comportamento, o que não era verdade. Concluímos que as pessoas costumam ter todos os tipos de atitude, mas sem terem consciência das razões (visto que o comportamento é produzido por sistemas cerebrais de atividade inconsciente) e que uma das principais tarefas da consciência é fazer de nossa vida uma história coerente, um autoconceito. Isso é feito produzindo explicações para o comportamento com base em nossa autoimagem, em lembranças do passado, em expectativas futuras, *na situação social presente e no meio ambiente físico em que se produz o comportamento"* (grifos nossos – ver Bib. 20).

Este é um exemplo claro de como a necessidade de adequação ou enquadramento do indivíduo aos costumes considerados corretos é introjetada, e o faz distorcer a interpretação dos fatos para parecerem adequados a uma concepção pessoal de lógica e normalidade.

O mesmo acontece com certas projeções da consciência, na qual o projetor observa fatos, objetos e formas sem similares na dimensão física. Quando ocorre o retorno ao corpo físico, por não ter as sinapses apropriadas para reter e armazenar corretamente estas informações, a tendência inicial do cérebro é tentar forjar uma lógica. Desvincular-se da lógica intrafísica e poder experimentar projeções lúcidas mais avançadas, com novas associações de ideias, leva algum tempo. A forma de pensar imposta pela mesologia e pela própria estrutura cerebral se estratifica e expande-se, momentaneamente, ao paracérebro do psicossoma.

Isto explica a manutenção de determinados padrões de conduta que persistem após a desativação do soma, fato confirmado por meio da própria experiência projetiva.

2. As paracicatrizes do psicossoma. Estudos sobre a memória revelam que a armazenagem de informações de uma pessoa é intensificada pelas emoções. Os traumas advindos de acidentes, repressões, rejeições ou melancolias extrafísicas profundas pelo não completismo existencial podem ter deixado feridas emocionais no psicossoma e, portanto, são multiexistenciais . Estas feridas podem ser reforçadas por traumas ou condições semelhantes ocorridas nesta ou em uma próxima vida.

Conforme pesquisas mais recentes apontam, muitos dos posicionamentos e atitudes de uma pessoa são formados, de modo mais intenso, com informações adquiridas de maneira inconsciente do que com aquelas percebidas conscientemente. É a influência subliminar da mesologia multidimensional nos valores pessoais.

Os nossos 5 sentidos básicos captam estímulos o tempo todo, incessantemente. A grande maioria destes não é elaborada de modo consciente. Se uma pessoa está numa festa com muitas pessoas ao redor conversando, mesmo não prestando atenção, os ouvidos captam estes sons, que são armazenados no cérebro em primeira instância e consequentemente na holomemória. A *holomemória*, memória integral, é o reservatório máximo de informações da consciência.

Corroborando a tese da holomemória, pesquisas com a hipnose mostram ser possível a recuperação de informações armazenadas em estado inconsciente. A chamada TVP – Terapia de Vidas Passadas – baseia-se nesta premissa e procura induzir o paciente a lembrar de uma vida pretérita, embora a fidedignidade das informações obtidas por este método e a validade deste processo como forma de prospecção consciencial sejam discutíveis.

A obtenção de informações a respeito de vidas passadas – retrocognições – pode ser feita voluntariamente pela pessoa automotivada, sem a utilização de hipnose ou qualquer tipo de indução externa baseada na sugestionabilidade do indivíduo(ver Bib. 1).

Outro exemplo é a sinalética parapsíquica – sensação pessoal, individual, de repercussão física e holochacral à ocorrência de um evento extrafísico. O conscienciólogo e médico Luiz Cesar Moutinho dos Santos, estudioso do assunto afirma que a sinalética não se inicia com o desenvolvimento da sensibilidade energética, mas apenas a percepção consciente destes sinais, permitindo à consciência expandir a lucidez quanto a sua realidade multidimensional. Daí concluímos que recebemos estímulos extrafísicos ininterruptos, identificados ou não, conforme o desenvolvimento da sensibilidade bioenergética pessoal.

Todos estes são exemplos de incidência de estímulos não percebidos conscientemente pelo indivíduo. No entanto, o influenciam subliminarmente, na maioria dos casos, de modo decisivo, nas escolhas e posturas pessoais.

Influência subliminar é aquela não suficientemente intensa ou duradoura para ser reconhecida de modo consciente, e quando repetida, atua no sentido de alcançar um efeito desejado. Estudos a este respeito concluíram que nossas emoções são mais facilmente influenciáveis quando não temos consciência dessa influência.

Pela análise multiexistencial, observa-se que a mesma consciência recebe pressões em todas as sociedades nas quais vive para enquadrar-se aos modelos preestabelecidos, conforme a cultura vigente. O fator preponderante é o fato de o psicossoma (o corpo das emoções) ser o mesmo em todas as vidas até agora, mantendo registradas as informações que influenciam, subliminar ou inconscientemente, o comportamento atual (paragenética).

A repressão decorrente da expectativa dos grupos sociais sobre os indivíduos que os compõem não é resultado apenas da vida atual, e sim das diversas sociedades nas quais participou em suas múltiplas existências.

Conforme a lucidez e a disposição em melhorar a si próprio, as marcas deixadas pelas vivências em seu psicossoma podem produzir 2 resultados diferentes na personalidade humana:

- *as feridas emocionais ficam abertas.* Devido à falta de compreensão e superação das próprias imaturidades, a consciência permanece fragilizada nos pontos em que vivenciou as crises emocionais do passado. Esses pontos de fragilização passam a reincidir em outras vidas humanas, criando um padrão. A reincidência desse padrão em nova mesologia pode gerar falta de auto-estima e autoconfiança, conjugadas a resultados evolutivos insatisfatórios (incompletismo existencial). A tentativa de adequação às expectativas alheias é a tendência natural da autoestima fragilizada, buscando no grupo a estima que não tem por si, tornando a pessoa mais fácil de ser dirigida. Trata-se de um mecanismo de defesa do ego para aceitação social que sacrifica a própria originalidade. É a robotização existencial.

- *formam-se as paracicatrizes do psicossoma.* A partir da melhoria da capacidade de autoanálise, a consciência passa a aprender com os próprios erros, conquistando maior liberdade de expressão, tornando-se mais isenta da pressão do meio. As feridas emocionais são fechadas pela compreensão e superação das imaturidades, formando-se as paracicatrizes do psicossoma.

Neste estágio, a consciência agiliza a evolução e volta-se para ajudar a evolução do grupo (assistencialidade). A maturidade integrada cresce à medida que expande cada vez mais a visão de conjunto sobre a multidimensionalidade, dominando e organizando os novos estímulos, muito além da mesologia apenas intrafísica. Quanto maior a maturidade consciencial, maior é o número de dimensões com as quais interage e melhor a qualidade destas interações. A realidade de alguém é aquela percebida por ela. Se admitirmos a possibilidade de que sempre podemos aprender algo a mais, precisamos estar sempre abertos para alterar a concepção pessoal da realidade.

3. Relações grupocármicas. As consciências que compõem determinado grupocarma (mais adstrito ao grupo familiar) ou grupo evolutivo (grupo de convivência maior) estão sempre se reencontrando na busca do reforço positivo para o crescimento grupal, ou para a reparação dos erros e destemperos cometidos em vidas anteriores. Os laços evolutivos do passado voltam a aproximá-las na dimensão física, porém, desta vez, com novos neurônios e redes sinápticas, permitindo a renovação necessária. Entretanto, com a atuação da holomemória sobre a memória atual esses reencontros podem desencadear uma evocação das experiências vividas mutuamente, inclusive com o mesmo padrão energético nos relacionamentos. Neste caso, a família e o grupo de interação mais próximo poderiam ser uma reedição do somatório de contextos emocionais sadios ou patológicos do passado. Conforme o grau de lucidez da consciência para esta condição, ocorre a melhoria ou a repetição insatisfatória das relações mal resolvidas.

Os reencontros não significam que nascemos sempre com as mesmas pessoas. Muitas consciências do nosso grupo evolutivo estão agora na dimensão extrafísica. Contudo, a lição se repete até que o aluno tenha conquistado um aprendizado satisfatório.

A potência da coragem evolutiva define o aproveitamento lúcido ou a submissão da consciência à herança mesológica multiexistencial.

Análise da Mesologia

A mesologia, formada pelos fatores extrafísicos, intrafísicos e multiexistenciais, cria inúmeras possibilidades para desvios na programação existencial, pois dificulta a pessoa a assumir efetivamente o que pensa e sente. As padronizações são cômodas, pois a maioria espera respostas prontas para seus problemas ou alguém para resolvê-los em seu lugar.

A partir da passividade em relação aos padrões estabelecidos são feitas as lavagens cerebrais. Com muitas promessas e poucas explicações, solapa-se do indivíduo a capacidade de pensar com clareza, fragilizando 3 de seus atributos fundamentais.

1. A *autoestima* equilibrada para reconhecer com naturalidade os acertos e erros.

2. A *autoconfiança* para novos desafios.

3. A *automotivação* para romper com esse quadro patológico de dominação.

A falta de discernimento para determinar as reais prioridades pessoais aumenta a preocupação com a opinião dos outros. Algumas pessoas passam a agir como se estivessem em uma vitrine, criam uma imagem pessoal que acham mais adequada porém não autêntica. Por não serem capazes de encarar suas imaturidades para poder resolvê-las, imaginam um tipo ideal de personalidade e tentam vivê-la. Existe uma preocupação constante em não falhar e, ao mesmo tempo, serem admiradas por todos. Esta é uma forma equivocada de buscar autoestima, porque, ao agir assim, a pessoa repassa aos outros o direito de estipular o valor que possui.

Esta condição bloqueia a evolução da consciência, pois ela deixa de trabalhar consigo mesma. Em busca de segurança no grupo, cria seus valores a partir de algum valor sugerido, e quando perde esta falsa base, tende a passar por desorientações emocionais profundas. A transitoriedade da vida nos mostra que somente quem pode dar segurança à pessoa é ela mesma.

A preocupação em manter-se em convívio sadio com a sociedade é necessária para podermos trabalhar na renovação da mesma. Existe uma clara diferença entre adequar-se para produzir e enquadrar-se para ser aceito.

A ilusão do suicida é ser dissidente de uma condição existencial, da qual ele, um ser multidimensional, não pode escapar.

Também se observa a inadaptação da consciência pertencente a determinada procedência extrafísica – sua comunidade de origem e destino após a desativação do corpo físico – ao desistir do trabalho participativo e conjunto com seu grupo evolutivo durante a vida física por ter pouca flexibilidade para conseguir conciliar as dificuldades pessoais e as necessidades grupais. Surge a *dissidência deficitária,* que empobrece o grupo (ver Bib. 39).

Pode ocorrer também outro tipo de dissidência quando um integrante de um grupo que está estagnado – sem admitir alterar dogmas, a exemplo das religiões –, se vê obrigado a desligar-se dele para poder evoluir. Neste contexto, se permanecer junto com o grupo, acabará se estagnando também. A busca por outras opções faz surgir a *dissidência superavitária*, que traz avanços significativos e enriquece a sociedade (ver Bib. 39).

O discernimento entre quando é necessário permanecer numa atividade ou buscar possibilidades mais avançadas de evolução é essencial para que haja uma abertura cada vez maior das fronteiras pessoais, em busca de novas verdades relativas. Sem inteligência e coragem não há desrepressão.

Neste caso, o exercício da projetabilidade lúcida favorece o clareamento das prioridades evolutivas para a consciência porque amplia a visão de conjunto sobre si, permitindo uma revisão de valores e prioridades de vida, dando a cada um dos problemas pessoais o devido peso. Isto aumenta a racionalidade e o discernimento.

A emocionalização, ao contrário, atribui valor excessivo aos problemas, ocasionando enorme dispêndio de energias conscienciais. Quando isso ocorre, a pessoa tem dificuldade para encontrar novas abordagens e possíveis soluções que produzam resultados evolutivos satisfatórios a estas questões.

Alimentando o comodismo, a repetição desnecessária de certas experiências e, consequentemente, a desorganização, a mesologia desvia a pessoa da programação existencial. Sem organização, não sabe por onde começar, nem sabe como fazer direito o que realmente precisa. Perde tempo demais em divagações, tornando-se passiva em relação ao próprio destino. Não vive, deixa que vivam por ela.

A estagnação evolutiva de uma consciência começa quando suas posturas e comportamentos se tornam excessivamente rígidos para enfrentar os desafios da mudança.

Quanto mais o indivíduo conseguir diminuir a pressão mesológica a qual está submetido, melhor será o seu desempenho evolutivo, pois terá maior liberdade de ação. Essa liberdade pode ser conquistada através da coragem inteligente, traduzida pela adoção de atitudes fundamentais para aliviar essa pressão:

1. Identificar com clareza o Holopensene local.

Como pensa a média das pessoas da cidade ou país onde você vive? Qual o nível cultural, social, religioso, das modas, gostos e tendências predominantes? Qual a principal motivação das pessoas? Qual a sua posição perante estas questões? A seguir, o melhor é aprofundar a análise para o seu círculo de amizades e da própria família, um a um, observando, além dos aspectos citados, pontos de vista sobre o sentido da vida, o casamento, filhos, amizade, despojamento pessoal, práticas assistenciais, entre outros. Assim, pode-se identificar quais os pontos comuns aos seus (possivelmente herdados) e os diferentes. Identifica-se as origens das pressões recebidas. Os pontos comuns não são necessariamente negativos, mas é preciso aplicar o senso crítico e o discernimento para separar o ideal do medíocre.

2. Definir a origem das prioridades pessoais.

Só o autoconhecimento lhe permitirá diferenciar os valores pessoais dos valores do meio onde vive. Quais são os seus principais objetivos de vida? O que, efetivamente, o motiva para alcançá-los? Quais são os seus princípios pessoais? Estes princípios estão coerentes com estes objetivos? Vieira, ao escrever sobre as contradições básicas das consciências na obra Conscienciograma (ver Bib. 44), expõe que "podemos identificar com clareza o que fizemos, mas nem sempre estamos seguros do porquê o fizemos em primeiro lugar ou de modo prioritário". Suas atividades trazem mais satisfação a você ou às pessoas à volta? Você as faz por entender serem prioritárias a sua evolução (e do grupo) ou simplesmente por esperar e gostar do reconhecimento dos outros? Definir a origem das prioridades pessoais é determinar quem dirige a sua vida.

3. Não buscar aceitação social.

É importante interagir positivamente com o meio, mas, acima da aceitação social, é preciso buscar a aceitação pessoal em frente ao espelho, com os próprios atos e com os compromissos prévios assumidos junto à procedência extrafísica. Ninguém cumpre a programação existencial por ninguém, pode-se, no máximo, dar palpites, às vezes, infelizes.

Mesmo com toda boa vontade e boa intenção, ninguém pode saber o que se passa no seu íntimo. Somente você sabe e sente, quando está só com seus pensamentos, a dimensão de suas responsabilidades e ideais evolutivos. Muitas consciências, inclusive extrafísicas, podem ajudar (amparadores) ou atrapalhar (guias cegos e assediadores) o seu desempenho, porém cabe a você, e a mais ninguém, alcançar o próprio completismo existencial.

4. Desenvolver ao máximo a heterocompreensão.

Esperar dos outros esta ou aquela atitude é fácil, porque é algo externo e não exige qualquer tipo de renúncia de nossa parte. Somos, às vezes, muito rápidos em apontar erros e pouco pacientes com as dificuldades que estes apresentam.

Porém, quando é conosco e a ação a ser tomada exige a maturidade de abrir mão de algo por que temos apreço ou demandará maiores esforços, reconhecemos esta dificuldade. Nesta hora, pedimos aos nossos amparadores compreensão com nossas imaturidades, tolerância e ajuda em nossas fraquezas e limites.

A heterocompreensão é uma atitude inteligente porque deixa uma porta aberta para o nosso próprio crescimento.

5. Buscar desenvolver o senso crítico sadio.

Nada é mais significativo do que a lucidez do pensene bem estruturado, crítico e positivo ao mesmo tempo. A criticidade sadia gera renovações constantes. O indivíduo fixado a muitas convicções deixa de vivenciar experimentos importantes para o crescimento pessoal. Preso a suposições sem critério, tem dificuldade de explicar exatamente a razão de certas posturas assumidas. Você sabe *exatamente* o que defende?

Acreditar em pessoas, livros, jornais e revistas sem raciocinar sobre o que vê, ouve, lê, faz, desenvolve, sente e vivencia demonstra a fragilidade da autoconfiança. A falta de reflexões mais profundas sobre questões prioritárias impede a formação de opiniões seguras, tornando a pessoa mais suscetível a onda dos modismos em vigor. Bater na madeira, usar simpatias, sal grosso e badulaques contra o "mau olhado", entre outras ações do gênero, evidenciam a maturidade consciencial ainda muito primária. A autoconfiança nas próprias energias conscienciais, e um discernimento razoável permitirão a você posicionar-se com maior clareza nos contextos em que está inserido(a), dizendo o que pensa e sente com abertura e fraternismo.

O senso autocrítico e heterocrítico sadio permite, a quem tem coragem, mergulhar mais fundo na própria individualidade, percebendo como ocorre, na prática, o desenvolvimento pessoal e o das consciências ao redor. Este senso crítico protege contra as repressões, inculpações e lavagens cerebrais de todos os gêneros, permitindo compreender melhor o valor da liberdade de pensamento. Cresce o livre-arbítrio e a qualidade das próprias escolhas.

Capítulo 3

ATITUDES ESTAGNADORAS DA EVOLUÇÃO

"Reciclar é renunciar aos manipuladores intrafísicos, ficar de pé sozinho, buscar em si a resposta para seus problemas. O objetivo: a autossuperação permanente".
Flavia Guzzi

A pressão exercida pelos fatores ambientais, multidimensionais e multiexistenciais, somada a tendências comportamentais comodistas do indivíduo, podem desviá-lo das diretrizes básicas da programação existencial – ectopia consciencial.

Vale lembrar que o ambiente em si não é a causa maior do problema, pois atua apenas como catalisador, otimizador ou potencializador de um padrão já existente e não como a origem deste. Reflete, desta forma, a média evolutiva dos habitantes de determinado bairro, cidade, estado, país, continente ou planeta.

Quanto ao padrão de interferência que a mesologia exerce sobre a evolução das consciências, podemos distinguir 3 tipos básicos:

1. Producente. Para aquelas pessoas mais primitivas, marginais ao autodesenvolvimento lúcido. A convivência grupal, regida pelas leis sociais e institucionais, ajuda a estabelecer limites mais sadios para as relações humanas, "domesticando" os mais selvagens.

2. Indiferente. Quando os padrões sociais refletem o patamar no qual as pessoas se encontram no momento. Estar de acordo com os valores estabelecidos é o que de melhor podem fazer.

3. Contraproducente. Para aquelas pessoas que estão em condições de melhores desempenhos evolutivos, porém desatentas. Alimentando as atitudes estagnadoras à evolução, a mesologia inibe seus impulsos de renovação. É para elas que escrevemos este livro.

Para melhor caracterizar a necessidade de coragem visando o completismo existencial, vamos aprofundar a compreensão das tendências de pensamentos, sentimentos e ações que são estimuladas pelas pressões ambientais e caracterizam tais atitudes estagnadoras.

Senso Crítico e Passividade

A primeira tendência a ser analisada é a condição de passividade, o hábito de aceitar, sem maiores questionamentos, os costumes já estipulados no contexto social, limitando-se a reproduzi-los. É a perda do senso crítico.

As atitudes estagnadoras começam na qualidade e determinação de nossas escolhas. Do ponto de vista consciencial, evolutivo, nosso livre-arbítrio é muito maior do que o admitido e reconhecido pela maioria das pessoas. Isto porque, se o fizerem, terão de assumir a responsabilidade pelas condições e oportunidades decorrentes dessa liberdade.

Isto nos leva a concluir que nosso presente-futuro será construído a partir dos nossos próprios esforços. Entretanto, a falta de coragem para tomar as rédeas da própria vida faz a maioria preferir sonhar com um acontecimento favorável do destino para mudar de vida.

Uma das coisas que mais impede o progresso da humanidade, por exemplo, é a manutenção das tradições, dos costumes cronificados, a repetição dos mesmos conceitos, vida após vida. A neofobia, o medo do novo, é o principal combustível da passividade. Deste modo, mantém-se comportamentos do tipo: *faço porque meu pai fazia e meu avô, antes dele.*

A cada dia, o mundo modifica-se a uma velocidade maior. No final da década de 60, o chamado futurólogo de empresas Alvin Toffler escrevia o livro *O Choque do Futuro*, e relatava que as pessoas se assustavam, já naquela época, com o ritmo crescente das mudanças e, nem mesmo a Psicologia, como ciência do comportamento, havia se dado conta disto (ver Bib. 32).

Segundo Toffler, havia um medo generalizado pela sensação de as mudanças estarem ocorrendo mais rápido do que é possível acompanhar e, portanto, conjugadas a uma sensação de novidade e dinamismo desconfortável. O ritmo dessas mudanças cresceu e acompanhá-lo tornou-se quase impraticável. Estima-se que, hoje, o conhecimento humano dobra em menos de 18 meses. Em breve, a cada ano.

Em resposta a isto, muitas pessoas buscam ignorar os reflexos desta mudança sobre si, apassivando-se aos frequentes estímulos recebidos numa tentativa de baixar a ansiedade diante da maior liberdade de escolha. Reconhecem os processos em constante renovação, porém querem acreditar na manutenção da forma de viver a qual conhecem. Segundo Toffler, esperam do futuro a continuação do presente, pois consideram difícil imaginar um modo diferente de viver (ver Bib. 33). Ainda há escritores utilizando-se de máquinas de escrever mecânicas.

Outras tantas observam o mundo como se estivessem atrás de uma tela de televisão, incorporando a postura de espectadores da própria vida.

Quanto mais passivo for o indivíduo, maior será a subordinação ao determinismo, e consequentemente, menor será o livre-arbítrio. Evolução requer ação. O conscienciólogo João Aurélio Bonassi afirma que assumir riscos em empreitadas visando o crescimento e amadurecimento de si, e das consciências em geral, demonstra responsabilidade e disposição às mudanças para melhor, partindo do pressuposto de que o "espírito crítico e a crítica propriamente dita podem ser construtivos e modificadores de padrões para melhor". Esta postura gera renovações e provocam os avanços necessários ao progresso da humanidade.

O senso crítico sadio é pautado na inteligência contextual, a habilidade de percepção clara do contexto em que se está inserido, e no discernimento para inferir qual a melhor ação a ser desencadeada. Além destes fatores, precisamos de força e energia para enfrentar desafios, superar obstáculos e efetivar resultados.

Modificar o quadro que se apresenta e está consumado nos comportamentos gerais da sociedade para si e para os outros, em suma, requer coragem consciencial.

Coragem para discordar quando entender diferente, para buscar novas alternativas, ainda que nem sempre corretas, para reconhecer os erros cometidos quando necessário e aprender através das próprias experiências. O senso crítico sadio desenvolve a hiperacuidade ou a qualidade de lucidez máxima da consciência.

Subnível Evolutivo

Qualquer capacitação ou talento apresentado por alguém não é algo que se ganha. É uma conquista, fruto de muito suor e trabalho, visando a melhoria das manifestações pessoais, como por exemplo: liderança, comunicabilidade, capacidade de realização, dinamismo, perseverança, despojamento, altruísmo. Estes talentos constituem o potencial de cada um, a capacidade de produzir resultados positivos.

Há milhões de consciências reprisando experiências existenciais sem parar. Mesmo quando se exibe grande habilidade no desempenho de uma tarefa, fazer apenas o que domina pode ser o caminho mais fácil, mas nem sempre o melhor em qualidade para o autodesenvolvimento.

Nascer, crescer, estudar, trabalhar, casar, ter filhos, plantar uma árvore e escrever um livro (normalmente um romance). Eis a receita do sucesso em nossa cultura. Se for rico e famoso, atingiu o topo da sociedade moderna. E na próxima vida, tudo de novo, os mesmos objetivos e prioridades. O enredo é o mesmo e, não raro, os atores também. Mudam apenas o cenário e a época (herança mesológica multiexistencial).

Mesmo uma tarefa assistencial, de ajuda aos outros, quando não é reforçada por algum tipo de progresso pessoal significativo, de aprendizado para quem a executou, passa a ser um trabalho repetitivo. Apenas repetir o que já aprendeu não representa evolução. Esta é uma condição comum dentro da tarefa da consolação, diferente da tarefa do esclarecimento, onde o praticante enfrenta suas próprias dificuldades e, ao mesmo tempo, pratica a assistência. Ensina, com base em suas experiências, o que já sabe. Exercita o que precisa aprender em maior profundidade e amadurece junto com o assistido.

Evoluir é ultrapassar limites, superar desempenhos e, portanto, exige seriedade, esforço, dedicação e disciplina. É o exercício constante das potencialidades pessoais visando alargar as próprias fronteiras, de acordo com a programação existencial assumida. A passividade diante dos próprios talentos e necessidades leva ao subnível evolutivo.

Algumas das sensações do subnível são: melancolia, angústia, insatisfação consigo, depressão, sensação de vazio, de faltar algo, de estar vendo a vida passar sem nada realizar de produtivo. Em uma análise mais sutil, o sintoma aparece quando, mesmo estando produzindo, tem-se a sensação íntima de poder fazer mais e melhor, como se houvesse, em algum lugar dentro de si, um "gatilho preso" não lhe permitindo deslanchar. Entretanto, não vamos confundir esta sensação com ansiedade, um problema totalmente diferente.

Um sinal comportamental da insatisfação íntima pode ser a vontade de alterar a aparência física.

A pessoa começa a não gostar da própria imagem refletida no espelho. Confunde as performances evolutivas com a estética do soma.

Buscar a autossuperação significa trabalhar com limites, utilizar da melhor forma possível o potencial que se possui. Se uma pessoa apresenta um potencial produtivo "X" e trabalha próximo a isto, está atuando segundo suas possibilidades e limites. Entretanto, se possui um potencial produtivo "10X" e está rendendo um pouco acima de "X", está, aparentemente, melhor em relação à outra, mas longe das próprias capacidades. O subnível evolutivo segue a lei do menor esforço.

Este exemplo nos mostra que o parâmetro da comparação com os outros, tão comum em nossa sociedade, além de inadequado, é pouco inteligente. Por sermos diferentes, temos necessidades evolutivas diferenciadas. Inexistem duas programações de vida iguais. A visão simplista e monodimensional parte do pressuposto de que todos nascem com as mesmas condições para os desempenhos pessoais, e isto não é verdade.

A atitude mais saudável é comparar-se consigo. Eu estou melhor em meus desempenhos atuais do que há 6 meses atrás? Depois, a comparação com patamares evolutivos que estão acima de nós, o ser Desperto, o Orientador evolutivo e o *Homo sapiens serenissimus,* mostra-nos possibilidades futuras mais sadias. A evolução é contínua e individual.

Na vida de um indivíduo, a calmaria ou tranquilidade excessiva pode ser um sinal representativo de subaproveitamento dos talentos que possui, pois o processo evolutivo está sempre gerando as crises de crescimento, naturais devido a identificação e superação das imaturidades pessoais (autoenfrentamento).

Balona, em seu livro Síndrome do Estrangeiro, afirma que a autossuperação é a luta contra a acomodação, o conformismo, a passividade, a neofobia e a inércia. Estes constituem os grandes inimigos a serem vencidos e não as circunstâncias ou as pessoas (ver Bib. 5).

A falta de autoconhecimento alimenta o subnível. O autoconhecimento exige despojamento, que, por sua vez, requer desrepressão. A liberdade de expressão só tem sentido se precedida pela liberdade de pensamento, uma conquista baseada nas experiências diárias do indivíduo.

O estudo da consciência (Conscienciologia), seja nesta ou em outras dimensões (Projeciologia), é ferramenta fundamental ao autoconhecimento, pois desafia o raciocínio e faz o indivíduo pensar de maneira global, gerando mudanças positivas de opinião e comportamento. O indivíduo torna-se um livre pensador da autoevolução, analisando e aprendendo através de vivências pessoais.

Com isso, a pessoa torna-se mais lúcida quanto às suas manifestações holossomáticas, multidimensionais, multiexistenciais e bioenergéticas. Começa a pesquisar-se utilizando as experiências fora do corpo, o funcionamento dos veículos de manifestação, as várias dimensões e uma série de fenômenos parapsíquicos correlatos, enquadrados dentre os 54 tipos estudados dentro da Projeciologia. Tira conclusões e, trocando informações com outros pesquisadores, melhora as próprias associações de ideias, partindo para novas experiências.

O pesquisador prático da Projeciologia passa a compreender, cada vez mais, os mecanismos de atuação das consciências, em uma espiral crescente de conhecimentos. Estudando-se em qualquer dimensão na qual esteja atuando, enriquece a percepção lógica (acuidade) e a postura crítica do pensamento multidimensional e multiexistencial. Busca, através da melhoria do controle das bioenergias, expandir o campo de suas percepções e dominar melhor as manifestações e interrelações que estabelece, visando a evolução consciencial.

Utilizando as experiências pessoais, este tipo de autopesquisador, ao mesmo tempo em que se conhece mais profundamente, passa a compreender melhor os outros e o meio onde vive. A pesquisa, partindo de dentro para fora, permite a otimização dos desempenhos pessoais, produzindo e utilizando o melhor das próprias potencialidades; as já descobertas e as que redescobre a cada dia, pouco a pouco. Esta otimização só depende da vontade do pesquisador e não da aprovação dos outros.

Até alcançar maior segurança a respeito de suas prioridades, a consciência navega num mar de incertezas para tomar decisões e, diante de um contrafluxo mais acentuado, não raro, desiste. A desistência de uma tarefa proposta, seja por desmotivação pessoal, falta de continuísmo, indisciplina ou pelos obstáculos encontrados no caminho, evidencia um desempenho abaixo do seu potencial.

Rever e ajustar as prioridades, substituindo-as por outras mais maduras se for o caso, não caracteriza desistência, mas a busca de melhores e mais amplos resultados. Estes ajustes decorrem do próprio amadurecimento gradativo do indivíduo, ao melhorar as percepções sobre seu momento evolutivo. É diferente de simplesmente desistir e retornar à condição anterior, uma perda de tempo, esforço e energia sem progressos mais significativos, pelo fato de não ter analisado antes com maior lucidez a questão. *Que tipo de desempenho almejamos?*

GANHOS SECUNDÁRIOS

Quando alguém se propõe a mudar algo em sua vida, torna-se importante saber quais são os ganhos existentes na situação atual, porque é deles que vai precisar abrir mão em primeiro lugar. São os chamados ganhos secundários, compensações as quais a consciência se apega para protelar a canalização dos seus esforços e energias para os objetivos que reconhece prioritários.

Após certo tempo, o apego a este tipo de ganho, somado a carência de coragem, leva a pessoa a criar sofismas e falácias lógicas visando ceder a pressão mesológica e deixar as coisas como estão. Surgem frases como: *até certo ponto não é tão ruim* ou *talvez eu esteja sendo radical*. A atitude mais comum é transferir a responsabilidade, procurando explicações para convencer a si e aos outros do porque da manutenção dos antigos comportamentos.

Neste contexto, o pior não é enganar os outros. Quando a pessoa, para fugir da pressão, se convence a protelar as mudanças por motivos considerados momentaneamente prioritários à evolução, e isto não é verdade (autoengano), temos uma situação mais grave porque há uma perda de discernimento sobre o próprio mundo íntimo.

Esta ausência de autocrítica traz 3 dificuldades:

1. para perceber as próprias imaturidades e talentos, subutilizando as capacidades que possui;

2. de estabelecer relações entre as causas e os efeitos de suas manifestações, obtendo resultados pouco satisfatórios em diferentes segmentos da vida;

3. para sair deste estado, pois não identifica em si a patologia que neutraliza seu desenvolvimento.

Uma pessoa não é o que pensa ser, mas sim o que pensa. Cada um é o resultado da qualidade dos próprios pensenes.

Dentre as posturas mantenedoras dos ganhos secundários, 4 se destacam: a preservação da autoimagem, o comodismo, a autocorrupção e a vitimização. Vejamos como se comporta a consciência em cada um desses casos.

- **Preservação da Autoimagem.** Procura evitar qualquer tipo de exposição pública ou decisões mais impactantes do ponto de vista social. Há preocupação constante com a aparência e a opinião dos outros. Assim, evita críticas e frustrações, e o preço é abrir mão da autorrenovação.
- **Comodismo.** Prefere permanecer dentro de um sistema de vida já conhecido, o qual domina com mais facilidade. As pessoas com as quais convive já estão acostumadas

com o padrão apresentado, não há novidades e, portanto, o trabalho é menor. Diminui os estresses de qualquer natureza decorrentes dos processos de mudança, colocando-se na condição de observador do seu *mundinho.*

- **Autocorrupção.** Evita o contato direto com suas dificuldades e com a necessidade de trabalhá-las de maneira mais efetiva. Utiliza-se da inteligência para criar desculpas para os hábitos cronificados que não quer abrir mão, mesmo reconhecendo não serem os ideais para a própria evolução. Sua escala de valores encontra-se corrompida pelo seu medo de autoenfrentar-se ou pela valorização dos prazeres imediatos, típicos da instintividade subumana. A autocorrupção lúcida é o fator que mais alimenta o apego aos ganhos secundários e, portanto, um grande empecilho evolutivo.
- **Vitimização.** Reconhece as próprias faltas, passando por pequenos momentos de depressão, durante os quais entende que precisa mudar, *mas suas atitudes transformadoras são suprimidas pela autopiedade.* Consome o tempo se vitimizando, em vez de procurar adotar atitudes que poderiam ajudar a superar suas imaturidades. *Consegue atenção e carinho dos outros.* Quando passa a crise emocional, esquece as faltas cujo reconhecimento a levaram a este estado.

Para a consciência autocorrupta é mais fácil depreciar-se em vez de assumir responsabilidades perante si. A patologia, neste caso, recebe o nome de humildade, uma *virtude* segundo a sociedade, que, no entanto, não permite ao indivíduo valorizar devidamente suas conquistas, base da autoestima sadia.

Tudo aquilo a que nos apegamos de modo excessivo, em algum momento será um estagnador de nossa evolução. Mais cedo ou mais tarde, chega-se a um ponto de insatisfação pessoal com a repetição-da-repetição-da-repetição, e nem mesmo os ganhos secundários conseguem conter o processo de mudança. É o impulso evolutivo que exige a renovação consciencial, pois a mesmice satura.

No entanto, podem passar vidas até a pessoa tomar a decisão de mudar, quando normalmente a falta de coragem a leva ao "fundo do poço". Já não se aguenta mais. Quanto mais demora, maior a insatisfação e o desperdício de tempo e energia.

Descomprometimento Evolutivo

O descomprometimento evolutivo é a postura íntima de falta de empenho e responsabilidade em relação à própria evolução, característica da pessoa que não toma partido, não define suas prioridades. Sem definição da linha de atuação pessoal, procura agradar a todos ao mesmo tempo. É conhecida por estar "em cima do muro".

Dentro da Psicologia, este comportamento recebe o nome de *ponto de equilíbrio*. É o meio termo entre não fazer nada e assumir responsabilidades mais sérias. A sensação de improdutividade ou insatisfação com os próprios desempenhos incomoda e pressiona a pessoa ao perceber ter algo a mais a realizar na vida. Por não identificar com clareza o que deve fazer, inicia uma busca.

Porém o medo de tomar qualquer decisão passível de gerar desaprovação do grupo mais próximo, ou de comprometer-se em demasia com alguma filosofia ou linha que possa revelar-se imprópria, o medo de errar, refreia o aprofundamento na autopesquisa. Marcado por traumas recentes ou de vidas anteriores, principalmente de origem religiosa, o indivíduo torna-se inseguro nas definições da linha de pesquisa a ser adotada e aprofundada. "Por ter sucumbido aos truques da imaginação, às vezes mais de uma vez, o ego se resguarda para-instintivamente, de modo violento, contra todas as repressões, influências folclóricas, fabulações, misticismos ou manifestações distantes da racionalidade, autenticidade e franqueza, a fim de evitar repetições de erros de abordagens no estabelecimento de suas diretrizes básicas, ao viver novamente (reviver) na matéria" (ver Bib. 38, p. 93).

Em consequência, na busca do ponto de equilíbrio, podem surgir 3 tipos de autopesquisadores:

1. O cético materialista. Cientista de renome dentro do fisicalismo, que busca preservar, em primeiro lugar, o próprio nome perante seus colegas do mundo acadêmico. Preso pela autoimagem, não assume verdadeiramente sua autopesquisa e experiências parapsíquicas.

2. O buscador borboleta. Inseguro, que, para diminuir a ansiedade quanto ao impulso evolutivo, busca de maneira romântica uma sabedoria abstrata, levando a necessidade de autoconhecimento em "banho-maria", sem comprometimento consigo. Prefere pensar que todas as linhas do conhecimento são ótimas e por isso não se prende a nenhuma.

Esse tipo de atitude é defendida por aqueles apegados à falácia lógica de que "todos os caminhos levam a verdade". Portadores de um parapsiquismo insipiente ou mal orientado, vivem em constante deslumbramento pelas vivências pessoais nas dimensões extrafísicas próximas a superfície do ambiente fisico (paratroposfera) ou pelo idealismo ingênuo a exemplo da crença nas "conspirações universais" a favor de si – tema vastamente explorado pelos autores místicos.

As vertentes do conhecimento humano são distintas e as vezes até opostas quanto a abrangência de seus referenciais e tipo de assistência que possibilitam. Contam com simpatizantes intrafísicos e extrafísicos, conforme as intenções, prioridades e a qualidade do discernimento de cada um, formando os grupos de trabalho assistencial. O indivíduo, ao querer estar em vários grupos ao mesmo tempo, na verdade não participa efetivamente de nenhum, não conta com a confiança da equipe extrafísica (amparadores), podendo, em muitos casos se afinizar apenas com os assediadores de cada um. Não existe comprometimento com tudo ao mesmo tempo.

3. O descomprometido. Integrante de um grupo de tarefa assistencial, age como se este fosse um clube social, mais interessado em conversar sobre os "assuntos interessantes" do que propriamente trabalhar a favor dos outros. Admite sua identidade com a ideologia de uma determinada comunidade de pesquisadores ou linha de pesquisa que reconhece como mais avançada, porém sem assumir a responsabilidade real pelo trabalho.

Sem assumir compromissos, a consciência não se aprofunda e nem se responsabiliza por nada. Finge para si estar fazendo algo pela evolução, porém os resultados são inexpressivos. O descomprometimento, uma covardia evolutiva, aborta qualquer possibilidade de execução satisfatória da programação existencial.

A autopesquisa comprometida, multidimensional, leva ao desenvolvimento de um senso crítico mais elaborado e permite conhecer e compreender as leis básicas que atuam sobre nossa evolução. Isto requer aprofundamento. Enquanto a consciência não assume seu real patamar evolutivo, busca fora as respostas que estão dentro de si, isentando-se das ações transformadoras difíceis ou mais trabalhosas.

Não há melhor qualidade na superficialidade.

Ninguém é realmente bom em alguma coisa sem dedicação séria. Qualquer personalidade que se destaque pela excelência de trabalho, ou ramo do conhecimento humano, passou muitas horas do dia, durante muitos anos, procurando melhorar, pouco a pouco, o próprio desempenho.

O compromisso mais sério da pessoa é com ela mesma e com a própria evolução. Se a programação existencial tem a sua parte individual e a grupal, comprometer-se consigo é também comprometer-se com o grupo. O ideal é buscar levar todas as responsabilidades com equilíbrio, em conjunto, sem se esquecer das pessoas a nossa volta. Ninguém nasce em determinada família e convive em certo meio social por acaso. Vivemos em interdependência evolutiva.

Lúcida quanto a esta interdependência, a consciência torna-se automotivada para se aproximar cada vez mais da realização de suas metas. O comprometimento íntimo, sentido, é o único real. Dele depende a abrangência e a profundidade da assistência que se pratica. Quem não trabalha para si com qualidade, também não o faz para os outros.

Abstencionismo Consciencial

Abster-se é privar-se de alguma coisa. Abstencionismo consciencial, é privar-se do próprio aprendizado, através do descaso consigo e com a evolução pessoal. É uma condição mais grave do que o descomprometimento evolutivo porque a pessoa perde o interesse pelo autodesenvolvimento.

Segundo Vieira "é a indiferença, a negligência, o distanciamento ou a posição de neutralidade da consciência intrafísica quanto à automaturidade integrada (holomaturidade), e à evolução consciente" (ver Bib. 39).

A conjugação de diferentes fatores forma o quadro característico do abstencionismo. Entre os principais estão:

1. *O medo de errar* ou a pusilanimidade frente as crises de crescimento inevitáveis, com a fuga das circunstâncias que exigem posicionamento claro e ações coerentes.

2. *A baixa autoestima* para assumir os próprios talentos e expor os pensamentos e sentimentos pessoais, quando se transfere ao meio social a responsabilidade de decidir o seu destino.

3. *Autocorrupções diversas* ou o franco descaso por tudo aquilo que gera trabalho ou exige a renovação de atitudes egocêntricas das quais não quer abrir mão.

Envolvida pela pressão da família, escola, religião, mídia ou outros grupos sociais, a pessoa sente-se insegura sobre a decisão de bancar o controle de sua programação de vida, perdendo a visão da própria evolução. Com o passar do tempo, acomoda-se no abstencionismo e a atenção e as energias direcionadas ao autoinvestimento ficam atrofiadas ou dispersas.

Há vários níveis de dispersão consciencial. Para evitá-las, é necessário seriedade e disciplina. Em alguns casos a pessoa precisará de terapia, preferencialmente a Conscienciotерapia, que trata os distúrbios da consciência através dos recursos e técnicas derivados da Conscienciologia.

Quem abstém-se das próprias metas vive em função das expectativas e metas dos outros. Na vivência grupal, ou você pensa ou alguém faz isto por você. Valorizar mais a opinião dos outros do que a própria revela a fragilidade da autoconfiança e a excessiva preocupação social, características da visão intrafísica, monodimensional.

Cedendo à pressão do meio, o indivíduo toma um posicionamento de apatia ou franco desinteresse pelo crescimento pessoal. Cai em descrédito perante si e, não mais reconhecendo as potencialidades e talentos que possui, perde oportunidades importantes. O adiamento das ações evolutivas configura-se então como um grande entrave a ser superado.

A inteligência evolutiva permite a consciência priorizar as atitudes condizentes com as metas estabelecidas junto à sua procedência extrafísica. O medo ao decidir paralisa e adormece a consciência e só lhe permite acordar quando passa por algum tipo de "impactoterapia", um choque ou perda significativa na vida. Nesta altura, a programação existencial já está, parcial ou totalmente, comprometida pelo tempo perdido.

Novamente, verificamos na coragem para adotar posturas proativas em relação à vida, um importante instrumento para ajudar a consciência a superar a condição do abstencionismo e retomar a responsabilidade sobre a própria evolução. A reciclagem da vida começa pela mudança íntima.

A covardia evolutiva apresenta-se de maneira mais evidente quando o indivíduo não quer conhecer uma nova realidade ou ter acesso a alguma informação importante sobre si para esconder-se sob o véu da ignorância.

A coragem faz-se necessária para desvincular a consciência das influências familiar, escolar, religiosa, profissional e social, permitindo-lhe reconhecer os valores pessoais, multiexistenciais, diferenciando-os daqueles que são heranças do ambiente em que vive, assumindo a sua real imagem consciencial.

CAPÍTULO 4

COVARDIA CONSCIENCIAL

"A verdadeira alegria de viver é ser usado para um propósito que você mesmo reconhece como grandioso ... ser uma força da natureza, em vez de ser um mísero punhado de aflições e ressentimentos reclamando que o mundo não quer se dedicar a fazê-lo feliz".
George Bernard Shaw

As atitudes estagnadoras da evolução podem evidenciar covardia da consciência. Em especial, quando se tornam meio de fuga de maiores responsabilidades e, consequentemente, realizações. Essas atitudes, reforçadas pela pressão do ambiente intrafísico são sérios obstáculos para a recuperação de lucidez da pessoa sobre as múltiplas dimensões e a programação existencial.

A covardia, porém, apresenta um *modus operandi* diferente. Engloba outros fatores, inclusive a inteligência mal direcionada, o que a coloca além da mesologia e dos reflexos desta. É uma fissura íntima da consciência intrinsecamente ligada ao medo, o qual precisamos conhecer melhor para compreender sua atuação sobre o nosso comportamento.

O MEDO EM ANÁLISE

Medo, do latim *metu*, é um sentimento de grande inquietação ante a noção de uma ameaça ou perigo, real ou imaginário. É considerado pelos psicólogos e neurologistas uma forma de emoção básica.

As gradações de intensidade e o modo como se apresenta geraram diferentes expressões relacionadas ao medo: pavor, temor, terror, ameaça, receio, pânico, aflição.

No ser humano, esta emoção básica desencadeia uma série de reações conjugadas e em sequência. Afeta a saúde, as funções psíquicas (senso crítico, a clareza do pensamento, o aprendizado, a acuidade, a memória) e parapsíquicas (que vão além do psiquismo comum). Em consequência, pode ser desenvolvida uma série de comportamentos e hábitos sem a percepção consciente do fato. O pensamento torna-se linear e monofásico, direcionado a um único foco, criando um filtro mental seletivo que só capta informações retroalimentadoras das inseguranças adquiridas.

Joseph LeDoux aborda o medo como a resultante de um sistema neural defensivo que atua em resposta a um determinado estímulo, visando aumentar a probabilidade de sobrevivência a uma situação de perigo, do modo mais favorável possível. Segundo ele, as reações apresentadas resultam de uma combinação genética e de outros fatores externos, que compõe este sistema.

Há hoje, um número considerável de evidências indicando a existência de um componente genético nas fobias humanas. Testes realizados com gêmeos univitelinos apresentam sintomas de reação de defesa muito mais semelhantes que gêmeos fraternos, por exemplo (ver Bib. 20).

Entretanto, os fatores genéticos responsáveis pela formação do sistema neural defensivo, sofrem a influência da paragenética, a herança advinda do psicossoma (corpo extrafísico) que atua como modelo organizador biológico no desenvolvimento do embrião humano. Portanto, entre os fatores citados por LeDoux, temos que incluir os extrafísicos e, principalmente, multiexistenciais.

Cada consciência, de acordo com a soma dos estímulos recebidos nas suas múltiplas existências e no ambiente atual, apresenta atitudes distintas ante a uma ameaça.

Defender-se do perigo, acreditam os pesquisadores, é a prioridade número 1 do organismo biológico. Admite-se, que o corpo amigdaloide, responsável pela avaliação emocional, está intimamente ligado às reações físicas geradas pelo medo. O estímulo ameaçador captado pelo córtex chega até o corpo amigdaloide, e este dispara uma série de sinais para o resto do corpo, preparando-o para a ação acompanhada de um padrão emocional correspondente.

Este mecanismo de estímulo-resposta recebe o nome de *condicionamento do medo*, um episódio aflitivo armazenado na memória e resgatado com toda a sua carga emocional cada vez que algum sinal faz a pessoa lembrar do ocorrido. Se ela teve uma experiência marcante em um determinado lugar, posteriormente, os sons, cheiros ou visão que a recordem desta experiência irão atuar como deflagradores de sensações parecidas com as sentidas durante a situação.

Neurologistas da Universidade de Emory, EUA, analisando através de ressonância magnética, o cérebro de vítimas de episódios traumáticos, notaram a glândula hipófise – *responsável pelo repasse dos sinais nervosos recebidos do hipotálamo, desencadeados pelo núcleo central do corpo amigdalóide, para a forma de comandos químicos a todas glândulas do corpo* – ligeiramente maior que a média da população; enquanto o hipocampo – *que exerce importante função cognitiva* – costuma ser menor.

Este fato demonstra a interdependência entre os corpos da consciência (soma, holochacra, psicossoma e mentalsoma). O estímulo recebido é interpretado a partir do mentalsoma, passando pelo psicossoma, holochacra e soma, alterando em cada um desses veículos o nível de equilíbrio ou desequilíbrio que apresentam. Um estado mental cria um estado emocional e energético, impressionando o soma, e este, com o passar do tempo, reforça estes estados. Em estados traumáticos, estas alterações são mais profundas.

O soma reage de acordo com o tipo do estímulo (agradável, desagradável, indiferente) e não com a origem do mesmo (intrínseca ou extrínseca). Por isso, a eliminação de determinadas reações emocionais é difícil, pois exige mudança íntima na forma de se relacionar com o fato-estímulo deflagrador da emoção.

Podemos fazer uma analogia direta com a teoria do *pensene* e a indissociabilidade dos seus 3 elementos, o pensamento, o sentimento ou emoção e as energias. Uma vez gravadas na memória, as informações e as emoções poderão ser resgatadas a qualquer momento com o mesmo padrão energético, seja o estímulo um fato similar concreto, a recordação do passado ou apenas imaginação. Esta é a razão que torna a evocação de certos assuntos tão intensa para uma pessoa. O mesmo princípio atua nas retrocognições, demonstrando que alguns condicionamentos do medo podem ser de vidas anteriores ou mesmo de origem extrafísica.

Enquanto não compreendermos por que um tipo de reação aflitiva se desencadeia e trabalharmos com as suas raízes, não haverá a superação do problema. Vencer o medo é sempre um processo educacional e exige autopesquisa, reflexão e discernimento para criar neosinapses, respostas mentais diferentes ao antigo estímulo.

Estudos em laboratório demonstram a existência de maior quantidade de conexões do corpo amigdaloide para o córtex do que do córtex para o corpo amigdaloide. Esta diferença, segundo os pesquisadores, fornece às emoções um poder de ação mais intenso sobre o pensamento do que o contrário (ver Bib. 20). Isso explica porque a tentativa de racionalizar o medo normalmente não resolve o problema.

Contudo, a maturidade consciencial evidencia cada vez mais a preponderância do mentalsoma (corpo do discernimento) sobre o psicossoma (corpo emocional). Quanto mais evoluída é a consciência, mais equânimes são suas manifestações, dominando os demais veículos a partir do mentalsoma.

Esta constatação abre possibilidades para inferirmos que o desenvolvimento cerebral acompanha o desenvolvimento evolutivo da consciência. Seria possível, então, supor que pessoas com nível evolutivo superior apresentam mais conexões do córtex para o corpo amigdaloide do que a maioria, chegando até mesmo inverter as proporções, fazendo preponderar sempre o discernimento antes da emoção? *"A sabedoria caracteriza-se pela ausência de medos"* (ver Bib. 40).

As inseguranças que fazem parte do dia a dia das pessoas, disparam em maior ou menor grau, reações físicas ou psicológicas. A consciência, pressionada pelos próprios temores, tem seus pensenes condicionados, manifestando traços de personalidade ligados a estas reações.

Isaac Marks, pesquisador e autor de trabalhos sobre o tema, define 4 formas de se enfrentar o perigo: bater em retirada (fuga); imobilização (paralisação); agressão defensiva (mostrar-se perigoso ou partir para o revide) e submissão (aceitação).

O psicólogo e psicoterapeuta Pierre Weil, em parceria com Roland Tompakow, reforça a tese de Marks, exibindo no livro *O Corpo Fala* (ver Bib. 50) as posturas físicas estereotipadas em cada uma das etapas citadas. As emoções evidenciam-se pelos comportamentos humanos.

Paradoxalmente, dentro do predomínio emocional vigente em nossa sociedade, estudos revelam a atração e o prazer que o ser humano sente diante de situações que lhe provocam medo. A televisão, o cinema, a literatura e os parques de diversão alcançaram elevados níveis de sucesso por meio desse mecanismo, o qual os psicólogos não explicam de modo consensual.

Os estímulos iniciais da cultura do medo são as histórias sobre bruxas, bichos e monstros que invadem os contos infantis e se propagam na vida adulta pela fantasia dos meios de comunicação.

Outro tipo de medo, cultivado desde a infância, é o do fracasso – nas atividades escolar, profissional e afetiva, culminando na pressão psicológica sobre o destino da consciência após a desativação do soma. Quanto maior a ignorância, maior é a susceptibilidade da pessoa à manipulação de consciências intrafísicas e extrafísicas.

O medo da morte (tanatofobia) é reconhecido como a origem e também a maior de todas as fobias. A dificuldade em lidar com o desconhecido e a ansiedade quanto ao que pode acontecer *após* a morte, é reforçada pela ignorância sobre a realidade extrafísica, da qual a consciência pode se libertar por meio das saídas lúcidas do corpo físico. Entretanto, vencer a insegurança inicial é um dos fatores mais difíceis a serem superados para a prática das experiências fora do corpo.

Sendo o medo um fator tão influente no comportamento humano, vamos analisar sua preponderância sob 2 abordagens básicas: a *maturidade consciencial;* e os *traumas multiexistenciais.*

1. A maturidade consciencial. A falta de maturidade integrada é evidenciada pela extrema semelhança entre as reações dos seres humanos e dos animais ao sentirem-se ameaçados de algum modo, descritas por Isaac Marks.

A atuação do sistema de defesa do organismo, característico da instintividade, varia conforme o desenvolvimento evolutivo da consciência. Há uma predominância crescente na atuação do mentalsoma, verificada em pelo menos 3 etapas básicas: a preservação da vida; a busca e manutenção do conforto; e a prática assistencial.

1ª – O sistema de defesa atua prioritariamente quanto ao instinto de sobrevivência, a luta pela preservação da espécie. Funciona como um fixador psicofisiológico da consciência nesta dimensão física, porque atua para mantê-la mais tempo no estado intrafísico, onde tem oportunidade de adquirir experiências necessárias ao seu desenvolvimento consciencial. A atuação do mentalsoma é reduzida.

2ª – O sistema de defesa atua prioritariamente na manutenção das condições de conforto e segurança. A insegurança vem da tentativa de preservação, excessiva, do que possui ou almeja conquistar, seja bens materiais ou a presença e estima daqueles por quem se tem afeto. A atuação do mentalsoma é reprimida pelo egocentrismo, seguindo diretrizes emocionais do psicossoma.

3ª – O sistema de defesa tem menor atuação, devido à melhoria do autoconhecimento e compreensão da natureza humana, permitindo a utilização predominante do mentalsoma e dos atributos deste veículo. A consciência está mais livre da necessidade de atendimento apenas de si e do próprio soma e/ou ego. A maior visão de conjunto sobre a vida, e suas variáveis, diminui a incidência do medo e demais emoções, aumentando a possibilidade de ações assistenciais de maior qualidade, devido ao uso preponderante da lucidez e do discernimento.

A utilização predominante do mentalsoma, sobressaindo-se ao sistema de defesa do medo, caracteriza a maturidade da consciência.

2. Os traumas multiexistenciais. A predominância do medo está relacionada a dificuldade enfrentada pela consciência para superar traumas emocionais, ao longo de multimilênios de vidas intrafísicas (herança mesológica multiexistencial) e períodos intermissivos. Conforme a intensidade e características desses traumas, surgem inseguranças dos mais variados tipos, em momentos específicos ou sem causas aparentes (medo de água, de bichos, de ser julgado, de relacionamentos afetivos, de tomar decisões). Estes temores, repassados ao cérebro físico pelo paracérebro do psicossoma, compõem um conjunto de atitudes de difícil compreensão para aqueles que não possuem as mesmas experiências traumáticas.

Especialistas da Psicologia Experimental tentam explicar estas reações de receios sem justificativa através da transmissão genética de um medo específico de um ancestral, superpreparando algum descendente para contraí-lo com muito mais facilidade. Esta teoria reducionista é ineficaz para explicar a maioria dos temores básicos das pessoas quando ninguém mais da família os possui, mas principalmente nas retrocognições em que o indivíduo se identifica portador de um soma pertencente a uma raça diferente e a árvore genealógica de sua família atual já existia.

As evidências até aqui apresentadas demonstram por que o medo é o instrumento preferido para repressão religiosa, familiar ou social. É um meio eficaz de controle e poder. Ameaças de perda e de dor, facilmente reconhecidas por todos, são contrapostas a suposições sobre uma situação futura desconhecida, mas preenchida pela imaginação, tendenciosamente negativa.

A imaginação de uma pessoa assustada é capaz de distorcer os fatos para que pareçam favoráveis, onde a capacidade de interpretação sofre alterações que subvertem a lógica natural das coisas. Estas alterações ocorrem para se poder justificar certas ações perante o grupo social.

O medo direciona atitudes e sustenta valores pessoais que, muitas vezes, já poderiam ter sido renovados. É comum as crianças aprenderem (repetirem) os primeiros conceitos de ética, dentro da cultura da família, receosos da represália dos pais. Na escola, a sombra da reprovação faz a conjugação do verbo *decorar* ser prioritária a *apreender*. Quando adultos, a possível punição sofrida pela aplicação das leis mantém, até certo ponto, a harmonia do grupo social. O resultado é a auto-imagem idealizada, fictícia, de aparências, que analisamos no capítulo 2.

Covardia – Entrave Evolutivo

Pode-se, erroneamente, pressupor que a covardia é mais um subproduto social sustentado na ignorância do que uma patologia consciencial. Porém, assim como nas atitudes estagnadoras da evolução, a mesologia apenas reforça certas tendências individuais. A passividade, o subnível alimentado pelos ganhos secundários, o descomprometimento e o abstencionismo consciencial, juntamente com a covardia são traços falhos da personalidade que precisam ser superados.

A partir desta análise, podemos estabelecer uma conexão profunda entre o medo e a covardia. Porém, na prática, observa-se que a insegurança também pode estar presente em ações ditas "corajosas" e o destemor aparente pode ocorrer em ações que iremos caracterizar por um ato covarde. O medo só se traduz em falta de coragem evolutiva quando bloqueia as atitudes necessárias ao completismo existencial.

Um percentual de dúvida é normal em momentos decisivos mais importantes. Nem sempre é possível conhecer todas as consequências que poderão advir de uma decisão significativa. Mesmo assim, a ação deve ser desencadeada com determinação. Esperar obter segurança máxima para começar a fazer algo pela evolução é predestinar-se ao incompletismo.

Conceitualmente, a covardia está ligada a manifestações instintivas egocêntricas da consciência que sofre de baixa autoestima, tem medo de errar e, por essa razão, tem dificuldade em ter ações claras, francas. A postura adotada não é, necessariamente, de timidez ou poltronice. Muitas vezes é impositiva, com demonstração de alta competência intelectual, em ações patológicas planejadas detalhadamente.

A atitude dos assediadores é um exemplo: prejudicam a evolução e o progresso de outras consciências em defesa dos próprios interesses, mantém valores e hábitos presos ao passado recusando-se a renovação, utilizam-se da chantagem emocional para manipular os outros e não medem esforços nem consequências para conseguir seus objetivos.

A covardia pode se manifestar de várias formas em diferentes contextos, do modo mais sutil e quase imperceptível até o mais grosseiro e evidente. Em especial, 4 são bem características: a pusilanimidade; a chantagem emocional; a agressividade; e a perfídia.

Pusilanimidade

É característica da consciência que exibe atitudes de timidez, fuga, frouxidão, pavor e apatia. A pessoa pusilânime não enfrenta os próprios problemas para não encarar riscos ou perigos, não se expõe de maneira alguma e está sempre entregue, vencida, sem demonstrar significativos esforços de luta ou reação.

Suas causas têm relação direta com a baixa autoestima acentuada e com insucessos do passado multiexistencial, potencializadas pela intrusão de assediadores.

Nesta condição, embora a consciência possa perceber a situação em que se encontra, tem grande dificuldade para mudar. Geralmente passa por períodos de melancolia intrafísica, uma antecipação da melancolia extrafísica passível de ocorrer após a desativação do corpo físico se não reverter o quadro.

De acordo com o sistema apresentado por Marks, para algumas pessoas, a única reação (dentre as 4 possíveis) diante do medo é fugir, enquanto que, para outras, é ceder e deixar tudo como está (submissão).

A fuga diante dos impasses íntimos pode ser observada por exemplo, quando a pessoa utiliza o devaneio. Costuma fantasiar muito, criando situações imaginárias onde seus sonhos se realizam. Para ela, o devaneio surge como alento para suportar a vida insossa.

A pessoa pusilânime busca justificar sua covardia e conformismo apático dizendo ser uma postura de ponderação e flexibilidade, ou até mesmo compreensão. Na tentativa de transferência de responsabilidade procura argumentos para convencer a si e aos outros. Justifica-se dizendo: "porém no meu caso...", como se todos os casos não fossem específicos. Outra justificativa comum é: "tenho responsabilidades com...", onde há uma confusão clara entre *prudência e covardia.*

A prudência, qualidade de quem age com moderação visando reduzir a margem de erro das atitudes, é embasada na reflexão mais sensata, na cautela inteligente, sem perder de vista as metas evolutivas. Está ligada ao tempo de observação ou preparação da ação para o momento certo. Há um objetivo concreto à frente.

A covardia, neste caso, se expressa quando a pessoa se diz estar sempre em preparação, mas a ação transformadora não ocorre. Há constante carência de realizações e decisões agudas da consciência que recua nos momentos críticos, escondendo-se em uma falsa segurança e reflexão, onde pondera, pondera, pondera e não sai disto.

O pusilânime pauta sua vida com base nas decisões de outras pessoas. O medo torna-o passivo diante de situações antagônicas, e normalmente reprime suas reações – "engole à seco", – não expressando o que realmente sente em relação à situação que o desagrada. Prefere não ir de encontro, expor-se, e remoe a insatisfação pessoal até o limite, quando somatiza através de uma doença ou, simplesmente, explode num outro contexto, porém sem mudar as próprias posturas.

Nos relacionamentos interconscienciais utiliza-se muito a *chantagem emocional*, evidência de uma *afetividade ainda primária*, comum dentro do núcleo familiar, conseqüência da falta de discernimento e cosmoética – a reflexão sobre a moral que se apresenta além de qualquer rótulo humano, válida em qualquer dimensão em que nos manifestamos (Ver Bib 40).

Chantagem Emocional

É uma forma espúria e egocêntrica de obtenção ou manutenção de um estado de coisas que resulta em domínio e controle de uma consciência sobre outra. Evidencia covardia consciencial.

Segundo a Conscienciologia, uma das facetas que expõe com mais transparência a imaturidade de alguém é fazer ou permitir-se sofrer algum tipo de chantagem. Quando ostensiva, demonstra a falta de amor próprio e desorganização na vida. É instrumento de assediadores, fracos de caráter, imaturos, ignorantes, manipuladores, carentes e covardes. Quando planejada passo a passo, torna-se instrumento de perfídia.

Em nosso cotidiano é comum observarmos cenas reais e cinematográficas explorando este tipo de conduta sob uma fachada afetiva, natural dos relacionamentos humanos. De fato, na patologia social, há uma inversão de papéis, onde quem faz a chantagem aparece como vítima sofrendo com a mudança do outro.

Susan Forward diz ser o chantagista emocional uma personalidade com mentalidade e sentimento de privação, de perda. Considera uma leve frustração potencialmente catastrófica, e acredita precisar reagir agressivamente a ela, caso contrário, o mundo – ou pessoa-alvo – vai impedi-lo de conseguir algo de vital importância (ver Bib. 12).

Sem autocrítica, esta personalidade dissimula seu egocentrismo patológico ao ponto de considerar correta e até amorosa a sua ação. Mais do que simplesmente exigir seus direitos, precisa ser atendida em suas reivindicações porque pensa serem estas o melhor para todos.

Aparentando ser inofensiva e sofredora, ou agressiva e autoritária, sente-se a verdadeira injustiçada por oferecer tanto e não receber a devida recompensa. Por esta razão, atua visando defender a sua parte, ou pelo menos aquela que julga necessária ao seu bem-estar, independente da necessidade do outro.

Sob esta ótica, parte do pressuposto de que a outra pessoa é uma extensão de si, e, portanto, deve atender suas vontades e expectativas. Delimita o espaço de atuação do outro: *"Você tem a liberdade de fazer tudo o que quiser, desde que atenda, em primeiro lugar, aos meus desejos"*.

Entre as formas de ação do chantagista emocional estão: gritos, ameaças diretas de punição, ameaças contra si, silêncio, um modo de olhar, choro, comparações depreciativas, sumiço, falácias lógicas e recompensas quando atendido.

O receio de não conseguir atender seu desejo torna-se tão intenso que a pessoa não consegue perceber os efeitos negativos sobre a pessoa-alvo. Seu lema é *vencer a qualquer preço.* É o sistema de defesa do medo, visando evitar: perder o poder ou o controle sobre alguém; a solidão; a rejeição; ou a mudança. O medo visa, em primeiro lugar, a autopreservação. A chantagem é sempre egoísta.

Um dos principais fatores de sustentação deste tipo de relação é a existência de um vínculo afetivo-emocional entre os envolvidos, e quanto maior for este vínculo, mais se intensificam as cobranças.

Do ponto de vista consciencial, a pior e mais execrável chantagem é aquela em que a pessoa parte para ameaças contra a própria vida, o suicídio. Ao fazer isto, joga sobre o outro imensa responsabilidade emocional e sentimento de culpa, pois evoca o natural instinto humano de preservação da vida. Cada consciência é responsável pelos próprios atos. Mas, quando há envolvimento afetivo de qualquer gênero, a vítima do chantagista sente-se responsável pelo desequilíbrio deste.

Dentre os perfis mais suscetíveis a sofrerem este tipo de pressão, destacam-se 3 tipos de personalidade.

1. Impulsiva. Suas ações impensadas decorrentes da ansiedade e precipitação, podem deixar rastros que serão censurados e usados como argumentos pelo chantagista que, na defesa de seus interesses egocêntricos, busca supervalorizar, através das emoções, os possíveis problemas.

2. Com baixa autoestima. A falta de autoconfiança gera a necessidade de endosso sobre o que se pretende fazer. A repressão torna-se o principal instrumento para sua manipulação, baseada nos conceitos maniqueístas de *bem* e *mal*, *céu* e *inferno*, *virtude* e *pecado*, *certo* e *errado*. Sem autoconfiança para defender suas opiniões, cede aos argumentos do outro.

3. Superprotetora. A pessoa paternalista ou maternalista apresenta dificuldade para distinguir na medida certa quais são suas reais responsabilidades para com os outros. Algumas vezes, erra na medida quando sente obrigação em retribuir os benefícios recebidos. Equivoca-se quanto a parcela de trabalho que realmente lhe cabe e tenta, em vão, assumir os problemas de todos.

Se a insegurança é um componente básico de quem faz a chantagem, também é de quem a recebe. Ao ceder, seja devido a sentimento de culpa ou senso de dever, potencializados por ameaças feitas de diversas maneiras, o chantageado acaba limitando a própria evolução. Permite escravizar-se e ser tolhido do direito de manifestar-se livremente em qualquer dimensão.

A liberdade da ação responsável é característica da maturidade consciencial.

Nesta ótica, a covardia maior é a do chantageado, porque, ao ceder, corrompe os próprios valores com medo da ameaça do chantagista. Concorda com a patologia e *assina embaixo.* Se esta tática de manipulação consciencial funcionou uma vez, abre-se espaço para que ocorra novamente. *Não se cura uma doença alimentando sua causa.*

O melhor antídoto nessa situação é a autoconfiança quanto ao posicionamento cosmoético perante o contexto e a maturidade das metas estabelecidas. A agressividade é substituída pela firmeza de propósitos. A criança, não raro, desconhece os preceitos mais adequados ao seu desenvolvimento, e o chantagista, sob certo aspecto, é uma criança presa ao seu *mundinho.*

Por ser uma atitude essencialmente assediadora, a chantagem emocional torna quem a executa uma fonte de energias desequilibradas e tóxicas, que atrai a atenção de consciências extrafísicas interessadas na manutenção desta condição patológica. Se este comportamento tornar-se crônico, a pessoa pode entrar na condição de *vampirismo energético*, um dreno constante de energias, e sua presença passa a ser, por si só, desagradável aos outros.

Ganha muito mais, evolutivamente, quem elimina, de uma vez, qualquer tipo de apelo emocional. Isto começa quando a consciência assume realmente o trabalho da sua programação existencial. Desta forma, utiliza a coragem consciencial para romper a relação de *interprisão* com o chantagista.

Agressividade

É a predisposição para atitudes hostis, destrutivas, seja na dimensão intrafísica ou extrafísica. É um tipo de covardia mais disfarçada e pode ser confundida pelos mais desatentos, pois é estabelecida sobre uma falsa imagem de poder e força.

Sócrates (470 A.C.), filósofo grego, dizia ser a agressividade, característica dos tolos e doentes e, tanto um quanto outro, não sabe o que faz, não se entende e nem entende as demais pessoas. Ambos precisam de instrução ou cura.

As pessoas agressivas são inseguras ou limitadas, embora normalmente não reconheçam isso. Limitadas pela repressão dos próprios impulsos, tentam controlar quem está à volta e restringem o mundo ao tamanho dos seus domínios. Toda ideia ou experiência nova, que lhe exija sair do modelo preestabelecido, soa desconfortável e mexe com seu bem-estar íntimo.

A cosmoética respeita, em primeiro lugar, a liberdade de ir e vir das consciências.

A agressividade é a maior demonstração de fragilidade da pessoa, que não pode ser contrariada, pois sua segurança é construída sobre bases inconsistentes. Por esta razão, ao sentirem qualquer tipo de ameaça, reagem com veemência. Na verdade, é como se estivessem dizendo, em código, algo do tipo *"não mexa aí, este é o meu ponto fraco e eu não tenho estrutura para suportar níveis mais profundos de informação"*.

Comparativamente ao sistema de defesa analisado no início do capítulo, algumas pessoas, visam estar no controle para aliviar a pressão dos seus temores, da mesma forma que os animais, em sua maioria, quando acuados, atacam não por ferocidade pura e simples, mas por instinto de defesa.

Há 4 formas diferentes de agressividade, relacionadas respectivamente ao soma, holochacra, psicossoma e mentalsoma.

1. Pelo uso da força física. A mais evidente e grosseira de todas. Um dos extremos desta postura foi evidenciado em 1998, quando dados mundiais publicados apontavam que o risco de uma mulher ser agredida dentro de casa, pelo marido, ex-marido ou companheiro é 9 vezes maior do que a possibilidade desta sofrer alguma violência física na rua. Esse tipo de ação violenta é, em verdade, praticada por pessoas assustadas, que não conseguem confrontar os próprios medos e, quando frustradas, aproveitam a desigualdade de forças e agridem para provar a si que possuem algum poder (ver Bib. 19).

2. Pelo emprego das bioenergias. Silenciosa do ponto de vista físico, mas extremamente ruidosa extrafisicamente, atrai inúmeros assediadores extrafísicos. Quanto mais energia tenha a consciência, maior é o estrago causado por seus pensenes agressivos, doentios.

A energia, por si só, não tem discernimento, apenas veicula os pensamentos e emoções da consciência.

3. Nos destemperos emocionais. Evidenciada pelas explosões temperamentais, em que a consciência extravasa, sobre os outros, de modo contundente, as frustrações e a desorganização íntima, para aliviar tensões ou impor-se. Demonstra sua fragilidade emocional, originada na falta de autocontrole e discernimento sobre as próprias manifestações.

4. Pelo uso da intelectualidade. Neste caso, a pessoa agride utilizando a intelectualidade de modo impositivo, diminuindo ou humilhando o outro para demonstrar superioridade. Esconde seus temores e desdenha quem queira criticar ou discordar das posições que defende. Transparece a sua falta de fraternismo e universalismo.

A intelectualidade bem desenvolvida, isoladamente, não representa evolução.

Força e coragem não são, necessariamente, a mesma coisa. Em certas circunstâncias, podem ser sinônimos; em outras, antônimos. A coragem consciencial se expressa em momentos e locais específicos. A consciência mais madura, lúcida e cosmoética não precisa provar para ninguém a força que traz dentro de si.

Perfídia

A perfídia é característica de quem manipula informações e/ou consciências intrafísicas ou extrafísicas visando alcançar objetivos espúrios. Engloba principalmente ações traiçoeiras, as tramas nas quais utilizam os chamados "inocentes úteis". É mais patológica e complexa que os outros 3 tipos de covardia citados, pois diz respeito às fissuras da personalidade derivadas da *anticosmoética.*

Neste quadro, manipuladores e manipulados enredam-se num jogo de interesses, no qual os manipulados, devido a algum ganho secundário, servem de instrumento às ações condenáveis dos mais dominadores. Encaixam-se aqui os chefes das máfias intrafísicas e extrafísicas e as consciências satélites sob seu controle.

A pessoa, ao deixar manipular-se, além de covarde, é tola, porque delega a autonomia de suas ações sem isentar-se das responsabilidades. Dizer estar sob ordens de outrem não a exime das consequências dos próprios atos. A pessoa covarde dá tudo e faz tudo em nome dos medos que a dominam.

Neste tipo de covardia são instrumentos usuais as omissões conscientes deficitárias, os pecadilhos mentais e a ruminação cerebral.

1. Omissões Conscientes Deficitárias

As omissões, de modo geral, podem ser de 2 tipos básicos: superavitárias e deficitárias.

1. Superavitárias. Quando a consciência possuidora de maior lucidez e maturidade, conhecendo mais a fundo a realidade consciencial de um contexto e, portanto, com maior visão de conjunto, compreende que a revelação de determinada informação a outrem não ajudaria. Conforme a situação, poderia até causar um *estupro evolutivo* no outro, fato possível de ocorrer quando alguém recebe um nível de informação além do que é capaz de absorver, colocando-a num conflito íntimo desestabilizador. A omissão, neste caso, é pautada pelo uso do discernimento na dosagem correta da informação, visando a melhor assistência possível para aquele contexto, demonstrando maturidade na comunicabilidade.

2. *Deficitárias.* Quando a consciência possui menor lucidez e maturidade e atua de modo equivocado, ou não atua. Este tipo de omissão aponta uma deficiência do discernimento da consciência. Há 3 tipos de omissão consciente deficitária:

- *A omissão por ignorância.* Procura atender ao princípio cosmoético da economia de males. "Na dúvida, abstenha-se".
- *A omissão por falta de coragem.* Medo em expor o que pensa. Encaixa-se na pusilanimidade.
- *A omissão mal intencionada.* Anticosmoética, visa algum ganho pessoal.

Queremos enfatizar esta última, o lado mais sombrio da omissão. Aquela em que o indivíduo detém a informação e não revela, esperando que as consequências dos fatos lhe tragam vantagens de qualquer tipo. A omissão proposital quando mal intencionada, torna-se doentia. Uma conduta antievolutiva. A falta de conhecimentos, neste caso, se traduz na ignorância quanto à cosmoética.

O silêncio da omissão patológica, mal intencionada ou covarde, "faz a festa" dos assediadores.

Às vezes, a causa da omissão decorre do medo em expor um traço deficiente da personalidade que se queira manter escondido. A preocupação está em resguardar a própria imagem, não se importando se vai prejudicar os outros. Esta atitude negativa impõe limites à evolução da pessoa omissa e iludida com a ideia de ninguém estar vendo ou percebendo o que ela faz.

2. Pecadilhos Mentais

Segundo Vieira, os pecadilhos mentais são emoções e erros empurrados para o plano obscuro do indizível, das coisas sem nome. E o *megapecadilho* mental é o ato impróprio ou anticosmoético que acobertamos, ou sepultamos, porque nos envergonha. *"Todos os atos anticosmoéticos das consciências são egoístas em sua essência, em suas causas, e em seus efeitos."* (ver Bib. 40).

Por não ser um ato físico direto, é comum o equívoco de julgá-lo inofensivo ou sem maiores consequências e, por isso, não recebe a devida atenção. Sub-repticiamente, entretanto, esses pecadilhos podem tomar conta do espaço mental de uma pessoa, constituindo-se um hábito comum ao ponto de se tornarem quase imperceptíveis.

Geralmente ignora-se que, a rigor, não existem segredos multidimensionais, pois sempre há consciências extrafísicas percebendo o que se passa em nossos pensamentos, sentimentos e ações, através de nossas energias.

Por natureza, é um hábito auto e heteroassediador e, devido às afinizações que gera, é criador de acidentes de percurso. Em certas situações, funciona como uma espécie de mantra negativo.

Segundo a Conscienciometria – especialidade da Conscienciologia que estuda as medidas conscienciológicas (ver Bib. 44) – o pecadilho mental é a unidade de medida da autocorrupção e atesta o nível da vivência prática da cosmoética. É a base subestimada de autoenganos como o espírito de triunfalismo ou o sentimento de se achar com mais direitos a ter seus desejos atendidos antes dos outros (complexo de superioridade).

Em relação ao holochacra, favorece as trocas bioenergéticas de origem patológica (ver Bib. 43), predispondo a instalação dos assédios de bases extrafísicas.

A defesa da imagem pessoal e a manutenção dos pecadilhos mentais cristalizam valores e atitudes, inibem a autenticidade, tornam-se um obstáculo à ação assistencial dos amparadores e ao desenvolvimento evolutivo.

Do ponto de vista prático, o problema deste tipo de covardia não está no fato de ser impalpável ou não observável fisicamente, mas em seus resultados negativos, multidimensionais e imperceptíveis para a maioria das pessoas-alvo que não sabem como se defender do poder desta interferência perturbadora.

A partir da desperticidade – condição do ser desassediado permanente total – (ver p. 34), a consciência não sofre mais esta influência espúria. Já eliminou os pecadilhos mentais. Não há mais ressonância entre os pensenes do *desperto* e dos assediadores. Até se chegar nessa condição, o exercício constante do estado vibracional e a vivência da cosmoética são as primeiras condutas profiláticas a serem buscadas.

3. Ruminação Cerebral

Dos 3 instrumentos da perfídia, a ruminação cerebral é o estágio pior porque tende a interferir na conduta pessoal por mais tempo, tornando-se a mais potente e desestruturadora para a consciência. Trata-se da auto-obcecação, do monoideísmo, da ideia fixa, repetida, constante na mente doentia, com finalidade egocêntrica e em estados emocionais carregados de mágoa, ressentimento e raiva.

Um exemplo do seu mecanismo é a chamada *vingança planejada*, as tramoias mais detalhadas da inteligência ectópica usada pela consciência que considera apenas os caprichos de posses, direitos e interesses pessoais. Assenta-se num conceito de justiça totalmente deturpado.

Por originar-se num desequilíbrio emocional/afetivo retroalimentado pela própria consciência e por assediadores afeitos a semelhantes padrões emocionais, a ruminação cerebral estabelece as bases dos assédios crônicos e, em certos casos, multisseculares.

Estes padrões, com o tempo, desestruturam de maneira mais significativa o mentalsoma, reduzindo a capacidade de absorção de novas informações, necessárias à renovação dos pensenes e ao raciocínio lógico e isento. Essa desestruturação é o maior empecilho para a superação desta condição doentia porque é justamente o centro de discernimento da consciência que está comprometido. Isto a torna uma das parapatologias mais complexas do mentalsoma.

Normalmente esse fluxo vicioso de pensamento somente é interrompido com a "impactoterapia", ou seja, os resultados dolorosos decorrentes da própria conduta patológica. No caso, as crises existenciais mais agudas surgem para favorecer a reavaliação da consciência quanto aos pensenes que vem produzindo.

O hábito sadio da autocrítica sincera e o despojamento para receber as heterocríticas vacinam a consciência contra a ruminação cerebral. Aqui vale o autoquestionamento: quais as consequências cosmoéticas de minhas ações?

Analisamos separadamente as *omissões conscientes deficitárias*, os *pecadilhos mentais* e a *ruminação cerebral*, condutas antievolutivas de base pensênica relacionadas com a covardia que influenciam na qualidade de nossas companhias intra e extrafísicas. Em casos mais patológicos, podem aparecer juntas e os resultados podem ser mais maléficos conforme a qualidade, a duração e a intensidade dos pensenes patológicos – patopensenes.

"Nossa memória integral registra tudo o que fazemos, sem falhas. Isto é atestado a nosso favor ou depoimento contra nós" (Vieira, 1996).

O interesse pelos motivos do outro e a busca do consenso quanto ao que seja mais favorável à evolução de todos (exemplos de atitudes fraternas) são incompatíveis com a perfídia que se estabelece a partir do egoísmo pessoal.

Saber *abrir mão* requer coragem consciencial. Abrir mão, no caso, significa deixar de sentir-se vítima com direito às cobranças pessoais; sair da imobilidade causada pelo medo da mudança.

As diferenças de opinião e posicionamento em uma situação qualquer, são inerentes ao processo interativo das consciências. Mais importante do que brigar para ter razão é manter um saldo positivo em nossas inter-relações, a fim de deixarmos sempre abertas as portas para a assistencialidade. Isto não quer dizer passar a mão na cabeça dos outros ou ser conivente com os erros alheios, mas manter a predisposição íntima para a prática assistencial em tempo oportuno. A visão de conjunto, *além do próprio umbigo*, permite discernir sobre o momento exato da ação.

A coragem consciencial em alto nível está relacionada com a tranquilidade íntima da consciência. E esta tranquilidade tem como suporte a convivência hígida com a cosmoética.

CAPÍTULO 5

AUTOSSUPERAÇÃO

"Quanto mais a consciência investe em seu desenvolvimento e hiperacuidade, mais conscientiza-se de que a mudança para melhor está atrelada a posturas íntimas, particulares".
João Aurélio Bonassi

Quando se fala em melhoria da qualidade em nossas performances, associamos logo à ideia de aprofundamento e especialização, do esforço criativo visando a eliminação dos desperdícios de tempo e o aprimoramento de determinadas habilidades. Todo talento conquistado ou habilidade desenvolvida passou pelo exercício repetido e disciplinado, ou seja, pela melhoria da **auto-organização**, no mínimo para criar espaço-tempo para as rotinas produtivas. *Há rotinas saudáveis e dispensáveis.*

A organização das atividades e responsabilidades permite à consciência priorizar a evolução de modo inteligente, eliminando, pouco a pouco, a *síndrome da dispersão consciencial.*

Vieira caracteriza essa síndrome como um *"desvio do rumo certo da programação existencial por parte da consciência desorganizada quanto à evolução autoconsciente."* Acrescenta que *"a dispersão dos atos da pessoa redunda sempre em um constante esbanjamento de esforços e uma performance vazia que leva a um rendimento zero quanto à autoevolução, quando em confronto com os demais colegas ativos do grupo evolutivo"* (ver Bib. 45).

O planejamento, unido à disciplina, permite conjugar o tempo com atividades pró-evolutivas, evitando a ansiedade negativa surgida quando admite-se que há muito a fazer, e não se consegue concatenar com coerência essas atividades. O excesso de estímulos mentais desordenados, deixa a pessoa num sistema de inércia antiprodutivo.

A auto-organização ajuda a desenvolver a coragem, pois possibilita-nos assumir *responsabilidades multidimensionais* dentro do nosso grupo evolutivo. Ao assumir este tipo de responsabilidade, nos sentimos fortalecidos para eliminar 2 bloqueadores do continuísmo nas propostas de autorrenovação: a *assedialidade* e a *autoculpa*. Inicia-se um circuito retroalimentador do autodesenvolvimento.

A coragem consciencial revela-se por atitudes proativas.

Autodesassédio

O assédio é a ação intrusiva e espúria de uma consciência sobre outra. A pensenidade negativa (patopensenes) é o elo de ligação entre ambas. Todo heteroassédio é precedido por um pensene autoassediador.

Em geral, é mais fácil admitir este tipo de relacionamento interconsciencial na teoria do que na prática. Frequentemente as intrusões, recebidas ou realizadas, passam despercebidas no momento em que ocorrem, devido ao pouco ou nenhum desenvolvimento do parapsiquismo.

É necessário estudar o comportamento assediador, para entendermos melhor quem assim age e verificarmos quando estamos adotando este mesmo tipo de postura, a exemplo dessas 4:

1. Pensamento linear. Raciocinar de maneira simplista, com a tendência de pensar ser o *certo* e o *normal* aquilo que faz e os pontos de vista adotados em seu dia a dia. Aprendendo o conceito de certo e errado associado à noção de sanidade, ou de "normalidade", a pessoa conclui que quem pensa diferente, além de estar errado, possivelmente não seja normal. Uma consequência provável deste tipo de raciocínio é achar-se com razão nas expectativas e cobranças feitas sobre os comportamentos alheios.

2. Vitimização. Assumir condição de vítima, quando não atendida em suas reinvindicações. A pessoa, dominada pelas emoções, revolta-se ao perceber que as outras consciências e os fatos do mundo não necessariamente atendem suas vontades. Às vezes, é vítima legítima, realmente prejudicada por outrem, mas cega por um senso de justiça deslocado e egoísta, não consegue avaliar com clareza a utilidade de suas cobranças e, não raro, alimenta o desejo de vingança. Frequentemente gera um estado de interprisão com aqueles que julga seus devedores.

3. Insegurança egocêntrica. Colocar a felicidade pessoal acima da liberdade dos outros, querendo controlar os pensamentos e sentimentos das consciências com as quais se convive. Esta tentativa de controle traz o desequilíbrio das relações afetivas e da convivialidade em geral. A baixa autoestima alimenta a insegurança e pode despertar a sede pelo poder ou fama, quando se tenta conquistar a admiração dos outros para suprir a falta de amor próprio.

4. Pessimismo. Valorizar o lado pior, o aspecto mais negativo das pessoas, situações ou contextos. A abordagem diante das circunstâncias da vida tende a ser nos problemas e dificuldades, e não nos desafios e suas soluções.

O estado vibracional não resolve o problema da assedialidade mantida por uma pensenidade patológica. Energia não tem vontade própria.

Os assediadores podem estar nas dimensões extrafísicas ou na dimensão física. Atuam a partir das energias desequilibradas, dos pensamentos patológicos, da chantagem emocional, da má influência, da má vontade e do "dedo na ferida" só para fazer doer mais (intencionalidade doentia).

Quando evidenciamos algum traço imaturo de uma pessoa, devemos estar seguros quanto a nossa intenção exclusiva de esclarecê-la de que já possui em si as condições para superar aquela dificuldade. O ideal é apontar também, em seguida, os traços mais maduros que poderão ser utilizados para superação do problema. É a heterocrítica sadia, sem apelos emocionais, baseada na *intencionalidade assistencial.*

Entretanto, quando a dificuldade do outro nos incomoda e, *cheios de adrenalina,* como *mecanismo de defesa* da nossa própria imaturidade, a apontamos, a cosmoética "foi por água abaixo". Nossa ação perdeu o valor assistencial. Nesse caso, alimentamos um sentimento de culpa ou de baixa autoestima nos outros inicialmente, e, depois, em nós mesmos quando verificamos os resultados de nossos atos.a apontamos

Algumas atitudes nos ajudam a superar ou, pelo menos, diminuir o auto e heteroassédio, a exemplo destas 7 indicadas por Vieira:

1º – *Não concorra com ninguém para nada, não vale a pena.* É muito fácil desequilibrar-se emocionalmente em sistemas de concorrência.

2º – *Se for responsável por algo, domine o campo energético, sem alimentar holopensene de medo,* de perda. Não espere unanimidade. Toda ideia produz dissidências.

3º – *Pense o melhor de todas as pessoas* e evite manter ideias preconcebidas sobre o comportamento dos outros. Dê chance para eles se renovarem e crescerem. Todos somos imaturos e em evolução e nem sempre temos a visão de conjunto das situações.

4º – *A melhor defesa é a energética.* A autodefesa deixa o campo propício para a assistência, evitando-se as interferências negativas. O trabalho com as bioenergias, assentado na pensenidade sadia, é fundamental.

5º – *Desconfie quando entrar em atrito com alguém e isto lhe alterar o equilíbrio emocional.* É sinal de assédio e deve ser sanado na hora. A assinatura pensênica (rastro energético) deve ser positiva.

6º – *Qualquer complexo de superioridade ou inferioridade deve ser eliminado.* A postura de igualdade facilita inclusive o *rapport* necessário para as ações assistenciais às consciências patológicas que porventura estejam envolvidas em um contexto.

7º – *Procure ter experiências pessoais.* Somente a experiência permite a consciência melhorar seu nível de discernimento, demonstrado pela qualidade das suas ações e, principalmente, pelo resultado obtido.

A análise destas atitudes nos permite concluir que senso de equipe, coragem, fraternismo, domínio das energias, acuidade, universalismo e o discernimento advindo da experiência pessoal constituem-se os fatores preponderantes na manutenção do autodesassédio.

ELIMINAÇÃO DA AUTOCULPA

A vontade de acertar, de melhorar-se, quando apoiada na falta de flexibilidade e autocompreensão diante dos erros pessoais, pode dar origem a outro bloqueador evolutivo, o sentimento de culpa.

O ideal para todos nós é apresentar alto padrão de cosmoética em tudo que fazemos, valorizar as ações claras, ricas em valores conscienciais avançados, não invadir o direito ou a privacidade dos outros e tampouco ser omisso perante a tarefa assistencial do esclarecimento. Ou seja, lucidez e cosmoética *full time.* Porém, para a maioria de nós, o nível de maturidade desenvolvido até o momento não nos garante uma conduta tão acertada, e, em consequência, cometemos erros, conforme o alcance do nosso discernimento.

Dentro de uma sociedade de aparências, o medo de errar e ser julgado por isso gera repressões diversas e, ao mesmo tempo, uma sensação de obrigatoriedade de acertar sempre. É o chamado *mito da perfeição.* Associamos ao erro o conceito de punição, ao acerto, o de recompensa e a ambos, a nossa autoestima. O resultado é uma hipersensibilidade às heterocríticas recebidas. Alguns procuram reagir a isto criando um excesso de autocrítica. Todo excesso é patológico.

É útil às pessoas com sentimento de autoculpa, se fazer as seguintes perguntas: *até que ponto ela ajuda a resolver os nossos problemas? A autoculpa minimiza os nossos erros ou apaga nossos rastros mais negativos?* O tamanho da autoculpa, muitas vezes, é igual ao índice de autocorrupção e covardia da consciência que se prende ao passado para fugir do presente.

Ninguém veio a esta dimensão para sofrer. Isto é demagogia religiosa. Precisamos estar atentos para não fazer da autoculpa um *ganho secundário.* Mesmo pensando estar agindo corretamente, ainda cometemos muitos erros imperceptíveis ao nosso atual nível de acuidade e cosmoética.

O desequilíbrio energético gerado pela autoculpa abre as portas aos assediadores sempre prontos para tirar proveito desta situação. Obter melhores desempenhos requer o conhecimento e bom entendimento dos traços imaturos em nossa personalidade. Sem saber a causa, como evitar os efeitos? Enquanto não entendemos o mecanismo de nossas atitudes, como determinado traço funciona em nós, que estímulo o desencadeia e como atuar para melhorá-lo, estaremos sempre sujeitos a sofrer as consequêcias negativas geradas por ele.

Para entendermos e eliminarmos nossa falhas, precisamos responder 3 questões básicas:

1. *A quais valores pessoais estão relacionadas?*
2. *Qual a tendência ou a característica pessoal nos leva a esse tipo de atitude?*
3. *Qual o ponto comum entre diferentes situações vivenciadas que podem ter funcionado como gatilho disparador da reação indesejada?*

Após chegar às respostas, o ideal é buscar a consolidação do aprendizado adquirido através de novas vivências pessoais. A complexidade do comportamento imaturo, às vezes, requer diversas repetições do processo de análise até se chegar ao ponto de reconhecer e compreender, verdadeiramente, como opera este traço em nossa personalidade.

O erro é sempre uma oportunidade valiosa de aprendizado. Quando bem aproveitado, permite adquirir autodomínio e autoconfiança, duas características da maturidade consciencial. Isto só é possível por meio de novas experiências e da coragem de buscar diferentes alternativas capazes de dinamizar o crescimento evolutivo.

Ao nos darmos conta do comportamento que nos incomoda e identificarmos uma das características falhas de nossa personalidade até então despercebida, não resolvemos automaticamente o problema, porém estamos dando um grande passo para superá-lo.

Esse enfoque muda a forma como nos relacionamos com nossas limitações. A maioria das pessoas fica triste quando descobre em si alguma imaturidade porque sente-se atingida em sua autoimagem. Porém, se está consciente e compreende tal dificuldade é porque já dispõe de meios para trabalhar na solução do problema. Ao contrário, se não percebe determinadas imaturidades é porque ainda não tem condições de superá-las. A reação diante da descoberta de um traço pessoal a ser melhorado ou eliminado deveria ser, portanto, de alegria e não de tristeza, pois é sinal de evolução. Ao aprofundar-se no autoconhecimento, descobre-se traços mais sutis a serem trabalhados.

A autoculpa reforça a tendência à supervalorização dos problemas e a dificuldade em valorizar as próprias conquistas.

O equívoco do pensamento derrotista gerado pela autoculpa está no fato de não podermos mudar o nosso passado e nem eliminar os erros já cometidos. A única utilidade prática do passado é a possiblidade de aprendermos com ele. De toda situação vivenciada, vale mais extrairmos o lado mais positivo, isto é, as lições proporcionadas. É desta forma que adquirimos discernimento e amadurecemos.

Unindo a *disposição em aprender com os próprios erros* e a *coragem para implementar as mudanças necessárias de atitude*, teremos condições bastante favoráveis para melhorar nosso desempenho evolutivo. A autoculpa perde razão de ser.

Assumindo a Multidimensionalidade

Outro fator igualmente importante para a autossuperação das dificuldades na execução da programação existencial é a consciência conhecer e assumir a sua condição multidimensional, retomar a lucidez quanto à procedência extrafísica.

O esquecimento das vivências anteriores ocorrido com a maioria das consciências ao renascer na dimensão física, permite a renovação e reorganização dos pensamentos e, consequentemente, das ações. Porém, devido à lucidez restringida, somada à influência do ambiente intrafísico, principalmente religiosa, aparecem expectativas e receios sobre as ocorrências ou fenômenos de origem "desconhecida", não material ou inexplicável pela ciência comum. Os fatos de natureza extrafísica até hoje são chamados de sobrenaturais, e esta palavra, ainda impressiona muita gente, gerando medos e explorações sensacionalistas.

A ignorância cria uma aura de mistério prejudicial ao desenvolvimento evolutivo e a conscientização multidimensional dos seres humanos. Sobrenatural é uma palavra que evidencia o desconhecimento sobre a natureza da consciência, não diretamente relacionada à dimensão física.

A dificuldade em lidar com o diferente, derivada da insegurança sobre as próprias crenças, é a origem de todos os tipos de preconceito. Santo Agostinho, por exemplo, aconselhou os cristãos de sua época a se afastarem das pessoas que sabiam somar ou subtrair, dizendo que estas haviam firmado um "pacto com o diabo".

Este posicionamento não se refere apenas aos tempos medievais, basta observar algumas seitas e religiões para constatar quão presente é o medo da realidade extrafísica. Preferem fantasiar a respeito dela numa atitude de fuga do que conhecê-la e enfrentar os próprios temores.

Vimos que os estímulos inconscientes exercem forte pressão sob o nosso comportamento. Mesmo entre pessoas um pouco mais esclarecidas sobre a multidimensionalidade, é comum ouvir expressões do tipo: "eu não tenho medo, mas por via das dúvidas prefiro não ver nada...". Para elas, fatos de origem extrafísica alteram o equilíbrio emocional, pois abalam certos condicionamentos adquiridos.

O temor às consciências extrafísicas (espíritos) e a tudo o que não é tido como normal (ou material), se alimentado vida após vida, produz um condicionamento multimilenar, impedindo a consciência de recuperar sua lucidez, quando restringida pelo renascimento físico.

A repressão, origem destes condicionamentos, cria barreiras mentais que dificultam o desenvolvimento da percepção dos ambientes e consciências extrafísicas (parapsiquismo) e da projetabilidade lúcida (experiências fora do corpo).

Muitas vezes se observa atitudes extremistas em relação às pessoas com o parapsiquismo desenvolvido. Em um extremo está o medo e o preconceito, em outro, a supervalorização, a *gurulatria*, como se esta faculdade atestasse evolução ou sabedoria, o que não é necessariamente verdade. Há muitos sensitivos utilizando suas habilidades para dominar ou manipular os outros. O discernimento é fundamental. Qualquer um pode se desenvolver nesta área, como em qualquer outra, basta ter vontade, disciplina e *coragem*.

A *coragem*, no caso, é fundamental para a pessoa romper com os moldes estabelecidos pela sociedade intrafísica repressora, e expandir sua percepção das múltiplas dimensões.

O desenvolvimento parapsíquico está relacionado também ao domínio das energias, a habilidade em lidar com o holochacra, ou *corpo energético*, e a libertação das barreiras que limitam a percepção do mundo apenas aos 5 sentidos básicos do *corpo físico*.

A matéria – uma *ilusão monodimensional* – devido à sua densidade, dificulta o processo perceptivo das diferentes dimensões porque limita a acuidade da pessoa para a sutileza da energia. Cada consciência vive mergulhada em um mundo particular, criado a partir daquilo que percebe. Enquanto estiver presa dentro dos limites do mundo físico (das formas), será incapaz de expandir sua sensibilidade parapsíquica. A abertura mental para captar os estímulos energéticos, permite o acesso à *realidade multidimensional.*

Quanto ainda precisamos de arquétipos mentais, modelos de como deve ser o convívio social, o mundo e a vida, para construir a nossa realidade?

Além da barreira criada entre as dimensões, a sociedade intrafísica alimenta a tendência de estabelecer limites. Separa países e idiomas e, mais ainda, alimenta *fronteiras mentais* separando os indivíduos por meio da inculpação ou da ridicularização. Essas são as primeiras fronteiras a serem derrubadas para a expansão da autoconsciência multidimensional. Os limites estão dentro de cada um.

As fronteiras mentais são os limites que a própria pessoa impõe ao continuísmo de sua manifestação lúcida dificultando a realização de um objetivo. Caracteriza-se por uma série de condutas defendidas pela pessoa sem conseguir explicar de modo prático e lógico a razão de estar agindo daquela forma. Recorre a explicações evasivas – do tipo: *"porque é assim"* ou *"porque está escrito"* ou ainda *"porque fulano falou"* – provenientes de alguma repressão anterior.

A intuição (holomemória) pode ajudar, mas é preciso desenvolver o senso crítico para elaborar o pensamento de modo mais claro, e identificar as causas reais desses comportamentos. A *coragem* da mente inquieta, perscrutadora, torna-se elemento chave. Aqui cabe um questionamento: *quais são as suas fronteiras mentais?*

A coragem de desafiar paradigmas em busca de soluções mais abrangentes, quando assentada no raciocínio aberto e lógico, é a essência do espírito científico. O fato de não entendermos alguma coisa não significa a inexistência de uma razão lógica para que ela ocorra. Talvez nos falte experiência para compreender esta lógica. Não precisamos dar crédito a tudo, mas tampouco precisamos rechaçar algo só porque, no momento, sua compreensão foge ao nosso alcance.

Muitas pessoas, mesmo reconhecendo a importância das projeções conscientes ainda têm medo de sair do corpo. Fica a dúvida se o receio é de tomar contato direto com outras dimensões e seus habitantes (repressão religiosa) ou se é de assumir as implicações práticas disso. Reconhecer a própria natureza multidimensional exige verdadeiras transformações no comportamento individual, constituindo a primeira demonstração da *coragem evolutiva.*

Um dos efeitos imediatos da vivência prática da projeção lúcida é a pessoa ver sua responsabilidade aumentada nas relações sociais e nas consequências de seus atos e omissões. Sua visão aumentou, não pode mais dizer que não sabia. Sem novos conhecimentos não há evolução. Somente a vivência direta da experiência fora do corpo permite a expansão da autoconsciência multidimensional.

A crença na "sobrevivência do espírito" não é suficiente para a consciência ampliar seu discernimento para além da dimensão material. Muitas consciências, mesmo após a morte biológia (dessoma), continuam *acreditando* estar atuando intrafisicamente. Simplesmente não percebem que desativaram o corpo físico. Presas aos próprios condicionamentos, vivem extrafisicamente um enredo mental criado por elas mesmas. Forma-se o quadro da parapsicose pós-dessomática.

Com o ser humano escravizado à matéria, ocorre o mesmo. Age em sua rotina diária com a atenção voltada apenas para as preocupações intrafísicas, esquecendo-se de sua natureza multidimensional ou lembrando-se apenas intuitivamente em alguns momentos mais específicos, porém sem assumir de fato esta condição.

Ao assumir a multidimensionalidade, desenvolver o parapsiquismo sadio e a projetabilidade lúcida, o indivíduo passa a agir de maneira coerente com a sua condição de consciência durante as 24 horas do dia. Prioriza a evolução e a execução de seu projeto de vida, elaborado antes de vir para essa dimensão. Se a programação existencial é a meta principal da nossa vida intrafísica, não seria inteligente colocá-la como prioridade máxima, estudando suas correlações com nossas atividades diárias?

A manutenção desta coerência multidimensional é um dos pontos fundamentais para a superação das atitudes estagnadoras e dos reflexos da pressão mesológica sobre o desempenho da consciência na sua caminhada evolutiva.

Capítulo 6

CORAGEM EVOLUTIVA

"A evolução só pode ser feita através da coragem. A consciência tem que ser intrépida, ousada, indômita".
Waldo Vieira

Coragem evolutiva é *a audácia justificada da consciência em suas ações, visando a execução de sua programação existencial,* através do autoenfrentamento e adoção de posturas coerentes com as informações levantadas, de maneira sustentada, ao longo do tempo, acima de todos os obstáculos.

Podemos caracterizar 3 tipos básicos de *coragem consciencial:*

1. Bruta
2. Evolutiva
3. Evolutiva Mentalsomática

Coragem Consciencial Bruta

Refere-se à bravura em face do perigo. Menos prioritária ao desenvolvimento da consciência, diz mais respeito a valorização do ego. Muito explorada nos filmes de aventura, na literatura, nos romances ou contos mitológicos; ressalta a intrepidez frente ao perigo como o valor de destaque, digno de admiração e respeito. Historicamente, as sociedades elegem os bravos e os fortes como seus heróis, modelos de conduta, uma vez que as conquistas humanas eram realizadas a base da força física.

Este conceito vulgar de coragem, leva muitos indivíduos a cometerem atos tresloucados de desafio ao perigo, numa tentativa de atestar aos outros os méritos pessoais. Esse exibicionismo evidencia a imaturidade consciencial e a carência do reconhecimento social.

Segundo a Conscienciologia, este tipo de ação inconsequente é encarada como um desperdício evolutivo, um suicídio em potencial. A morte prematura – *relativamente comum nestes casos* – leva a consciência a perder a oportunidade de aprendizado oferecida pela vida humana, tendo que recomeçar a preparação para uma nova existência física, muitas vezes, em condições menos favoráveis.

A coragem consciencial bruta contém forte componente emocional no direcionamento da ação. O gosto pelo desafio ao perigo e pela sensação de medo apontam traços de *desequilíbrio na obtenção de satisfação* por parte da consciência. *A vida pela adrenalina.*

Estas pessoas estão mais sujeitas a acidentes de percurso desencadeados pela própria imprudência ou por assediadores extrafísicos.

A massa impensante (povão), assentada na ignorância quanto às consequências multidimensionais de seus atos e na mediocridade dos objetivos existenciais vislumbrados, nos oferece numerosos exemplos desse padrão de comportamento. A prática de esportes radicais ou atividades semelhantes, que envolvem elevado risco de vida, são alguns deles.

Existe também certa confusão aparente entre este tipo de coragem e impulsividade ou ansiedade, ambas apresentando relação direta com o medo. Esta confusão ocorre porque o ansioso apresenta grande velocidade em suas decisões. Não se percebe que o direcionamento de sua análise é para um único foco imediatamente à frente (imediatismo), devido à insegurança sentida em determinados contextos. Decide rápido para sentir-se no controle e aliviar a tensão do momento. A ação decorre por impulso instintivo e não pela ausência de medo diante do risco. Baseia-se na defesa do ego. De qualquer modo, pior ainda é a covardia omissa que fossiliza a consciência.

Há situações em que a *coragem bruta* torna-se essencial, como o caso de certas profissões (bombeiros, guarda-vidas, equipes de resgate) caracterizadas pela existência de riscos, necessários para a assistência social. Ao contrário dos que arriscam inutilmente a vida, a utilização mais sadia desse atributo reflete-se na intencionalidade da ação.

No processo de desenvolvimento evolutivo, cada um atua segundo as próprias possibilidades e necessidades. Podemos delinear alguns traços da personalidade na qual prepondera o uso da *coragem consciencial bruta.*

- *Manifestação padrão pelo vigor físico.*
- *Utilização predominante do subcérebro abdominal (ação pelos instintos).*
- *Ações centradas prioritariamente no egocarma – grupocarma esboçante* (ver Glossário, p. 161).
- *Vivência marginal à cosmoética.*
- *Ausência de autoconscientização multidimensional (AM).*
- *Coragem baseada na exacerbação emocional.*

Coragem Evolutiva

Uma segunda categoria de coragem refere-se à capacidade de resolução franca e desembaraçada ante os problemas, e a perseverança, constância e firmeza para alcançar as metas pessoais.

Segundo a Conscienciometria, *a coragem evolutiva é fator determinante da potencialidade da consciência nos seus desempenhos quanto à antiemocionalidade* (ver Bib. 44).

Reflete a capacidade de superação das influências emocionais, direcionando-as positivamente para a realização dos próprios objetivos. Tem relação direta com o domínio das manifestações do psicossoma e a eficácia ao lidar com as fobias, manias, tiques e estressamentos em geral.

Há um ponto de equilíbrio entre a conjugação da audácia, típica do psicossoma, com o discernimento do mentalsoma.

Uma hipótese para explicarmos o mecanismo da coragem é o Modelo da Série Harmônica, uma analogia apresentada por Vieira para explicar, dentre outros pontos, a inter-relação entre nossos veículos de manifestação (corpos) e a propagação da informação entre eles, através da energia. Este modelo se estrutura a partir da premissa que todo campo de energia apresenta determinado padrão vibratório e por isso, em tese, pode entrar em ressonância com outros (ver Bib. 46).

A série harmônica, proposta pelo matemático alemão Helmann von Helmholtz, define a infinita sequência de tons (notas musicais) originada de uma oscilação fundamental. Cada nota-base (fundamental) teria infinitos harmônicos (notas que vibram em ressonância com a nota fundamental), e estes harmônicos, segundo os diferentes padrões que podem assumir, definem, por exemplo o timbre de um instrumento musical.

Cada veículo de manifestação da consciência é um campo organizado de energia, possuindo uma frequência vibratória fundamental. Essa frequência repercute (ressoa) em outros campos de interconexões (harmônicos), e embora não se saiba ao certo como, transmitem informações de um veículo para o outro a partir do mentalsoma, fazendo com que o estado de um deles modifique o estado dos outros.

Uma ideia, propagando-se do mentalsoma ao cérebro físico, passando pelo paracérebro do psicossoma, irá apresentar-se mais pura ou com maior ruído (alterada) conforme a interferência sofrida em cada veículo de manifestação.

Quando a consciência compreende a importância de mudar um determinado comportamento, a ideia de mudança parte do mentalsoma, produzindo uma frequência fundamental e infinitos harmônicos vibrando com maior ou menor intensidade. Esta oscilação fundamental poderá ser fortalecida ou descaracterizada pela interferência do psicossoma e seu campo de energias (mais densas que o mentalsoma), resultando, por exemplo, em um estado de certeza e determinação ou dúvida e titubeio. Poderá ainda originar uma ação prática pelas energias do holochacra e do soma ou ficar restrita ao campo das elucubrações mentais.

A coragem evolutiva não é, portanto, apenas uma emoção bem direcionada. É produto do aprendizado e do discernimento da consciência, que controla e aplica as energias do psicossoma, do holochacra e do soma para reforçar a ideia fundamental vinda do mentalsoma e assim manter o nível de automotivação na superação prática dos desafios evolutivos.

Um desafio não é um obstáculo, e sim, a forma como se apresenta um fim a ser alcançado. Instiga, excita, estimula e motiva. Obstáculo é um impedimento ou estorvo momentâneo, uma condição intermediária entre nós e nosso propósito. Se, envolvidos pelas dificuldades, não mantivermos nosso objetivo claro na mente, em pouco tempo, perderemos a visão e a motivação pelo que estamos fazendo, porque a emocionalidade agiganta os obstáculos. Falaremos mais sobre motivação no capítulo 8.

A coragem é indispensável quando temos que tomar grandes decisões que, normalmente, são as mais difíceis, pois implicam em abrir mão de algo importante, embora tragam os maiores e mais positivos resultados.

Abrir mão, neste contexto, pode significar por exemplo respeitar, independente dos sentimentos envolvidos, o direito dos outros em seguir um caminho diferente do nosso. Não raro, causa certo sentimento de perda. A cosmoética aponta a decisão mais madura a ser tomada.

A coragem, a determinação e a força de vontade são de grande importância nas decisões vitais, pois só veremos com clareza os benefícios dessa escolha quando ela estiver melhor consolidada. Embora pareça lógica na teoria, a mudança só se concretiza com a experimentação pessoal, passo a passo.

Uma pessoa adulta, cuja maturidade psicológica tenha acompanhado a maturidade física, naturalmente não tem os mesmos interesses que possuía aos 8 anos de idade. Surgem necessidades mais complexas, compatíveis com a atual realidade consciencial. Não temos dúvida quanto à diferença entre nossos interesses atuais e os da infância, mas se alguém nos questionasse, naquela época, sobre quais seriam nossos interesses hoje, provavelmente não teríamos esta convicção.

Nos cursos de Projeciologia e Conscienciologia, não raro, observamos alguns alunos ficarem inseguros diante das mudanças propostas. Com a possibilidade do amadurecimento pessoal, sentem receio de perder a afinidade e afastar-se de seus grupos de convívio. Há dificuldade em perceber que a ampliação de conhecimentos e a autorrenovação propicia uma expansão da compreensão desses grupos, melhorando as condições para uma convivência saudável, e não sua exclusão. Além disso, criam-se novas afinidades e possibilidades de convívio com pessoas de interesses mais avançados.

Os projetos de renovação pessoal normalmente geram opositores. É muito difícil completar a programação existencial sem "levantar poeira", ir contra o interesse de outras consciências em várias dimensões, que, na maioria das vezes, não querem nenhuma mudança. A coragem evolutiva é o que leva a consciência a seguir firme em seus objetivos abrindo caminhos ainda não percorridos pelo seu grupo. O exemplo arrasta porque é esclarecimento direto, sem necessidade de comentários ou teorias.

A reformulação de valores é incompatível com a falsa segurança dos atos excessivamente medidos e sem risco, uma forma disfarçada de medo. Às vezes, é preciso imprimir um certo percentual de aventura e ousadia na autorrenovação, mas sopesando as possibilidades. Não se trata de ser irresponsável ou inconsequente, e sim inovar com critério, e coragem.

Vamos delinear agora alguns traços da personalidade com nível relativo de discernimento, que já faz uso da *coragem consciencial evolutiva*:

- *Manifestação alternante entre emoções/sentimentos e discernimento.*
- *Utilização alternada do cérebro encefálico e subcérebro abdominal (recaídas).*
- *Mais resolvido com o egocarma; grupocarma atuante; policarma esboçante* (ver Glossário, p. 161).
- *Melhor noção da cosmoética.*
- *Autoconscientização multidimensional relativa.*
- *Altos e baixos na coragem pessoal.*

"Você descobriu, em tempo útil em sua vida, o emprego da audácia justificada em suas resoluções?" (Conscienciograma, folha de avalição nº 22, teste 431).

Coragem Evolutiva Mentalsomática

A coragem evolutiva mentalsomática utiliza-se dos atributos do mentalsoma, conjugando a *ação* transformadora e a *inteligência* em busca de melhores resultados. A teoria e a prática são estabelecidas com racionalidade e com lógica. Isto não garante acertar sempre, mas permite errar menos. É o refinamento da coragem evolutiva.

Esse refinamento – no qual o arrojo e a ousadia da ação parecem um desatino porque rompem, muitas vezes, com as convenções sociais – está fundamentado nas diretrizes básicas, já identificadas, da programação existencial e em variáveis intrafísicas e extrafísicas, desconhecidas pela maioria dos *críticos de plantão.* Existe o risco, mas este é calculado de acordo com a importância do objetivo a ser alcançado.

É fundamental a pessoa saber o que está fazendo e onde pretende chegar com as renovações íntimas, sem esperar pela aprovação dos outros. Se esta renovação está de acordo com a opinião pública, certamente ainda não atingiu maior profundidade consciencial. A grande maioria da população mundial ainda vive restrita ao atendimento de seus instintos básicos.

Neste tipo de coragem, a consciência leva em conta a autobiografia multiexistencial. Os dados colhidos das próprias experiências aumentam a segurança pessoal e permitem prognosticar, favoravelmente, o resultado da atitude a ser tomada. Procura estabelecer novas conexões entre o passado, observado e utilizado como fonte de informações, e o futuro almejado a ser construído com esforço e responsabilidade, considerando as condições mesológicas atuais disponíveis.

As prioridades definidas são mais complexas, multidimensionais e atacadistas, considerando a assistencialidade um dos seus pontos principais. O que a torna mais avançada é o desafio autocrítico em favor do crescimento evolutivo de todos.

A consciência que se utiliza da coragem evolutiva mentalsomática não tem medo de errar porque transforma toda experiência em aprendizado e assim reforça a autoconfiança. Observa a dosagem correta nas ações cosmoéticas e omissões superavitárias, conforme a particularidade de cada caso, respeitando o patamar evolutivo das pessoas envolvidas. Buscando aprimorar-se em suas escolhas, submete todo experimento ao senso crítico em análises contínuas. *Desdramatiza* os problemas e converte os revezes em novos desafios.

Não há espaço para a autopiedade. Utiliza-se da máxima cosmoética possível para não permitir-se qualquer tipo de autocorrupção. Segundo Vieira, *"a vivência da autoincorruptibilidade sem sacrifício, não-masoquista, é o início do fim das ilusões humanas, e primeiro passo dentro do universo do serenismo multidimensional"* (ver Bib. 39). E o estágio mais avançado de coragem evolutiva mentalsomática é o do *Homo sapiens serenissimus, "uma conscin que aplica a cosmoética na autossegurança da vivência intrafísica e extrafísica."* (Conscienciograma, p. 95).

Aqui, torna-se importante observar que, na maioria das vezes nossa dificuldade não está no problema em si, mas na relação emocional que temos com ele. Muitas vezes, diante de situações mais complexas, deixamos os fatores emocionais predominarem na resposta apresentada e a decisão tomada nem sempre é a melhor. Neste caso, há uma tendência de o pensamento entrar em um ciclo vicioso, analisando as variáveis sempre pelo mesmo prisma e originando as mesmas conclusões, em geral, até alguém ou algum fator externo romper este fluxo pensênico doentio.

Algumas questões podem ajudar o leitor a avaliar se já desenvolveu a coragem mentalsomática:

1. *Você é melhor em resolver e entender os problemas dos outros ou os seus?*
2. *Sua coragem é mais atuante na teoria ou na prática?*
3. *Você é ágil e firme para enxergar a melhor direção para as ações dos outros quanto à evolutividade, mas titubeia, hesita e posterga as suas ações pessoais?*
4. *Você sabe abrir mão de seus interesses em prol do melhor para todos ou ainda está preso a ganhos secundários?*

Não podemos fugir à nossa realidade consciencial, mas podemos transformá-la. O aprendizado evolutivo demonstra a necessidade de compreender para superar, e, por esta razão, procurar o pensamento mais lúcido é sempre melhor indicativo de acerto. Isto não significa reprimir as emoções.

Uma técnica possível de ser utilizada para reduzir a influência emocional e ajudar na organização do pensamento é listar (no papel ou no computador) toda a problemática, com tópicos e enumerações e depois, analisar da maneira mais isenta possível. Esta técnica evita o turbilhão de ideias desordenadas que se cria dentro da mente, bem como a ruminação cerebral.

A coragem mentalsomática apresenta profundas relações com a inteligência contextual, a capacidade de adequar, da melhor forma possível, as manifestações pessoais, conforme as características e peculiaridades do contexto onde se está inserido(a).

A qualidade das ações da consciência é fruto do movimento interno de processamento das informações provindas do ambiente, juntamente com todo o arcabouço de informações contidas na holomemória ou memória integral.

Quanto mais aberta aos estímulos externos maiores são as chances de a pessoa promover mudanças positivas em si. Sem a predisposição a novas informações e, consequentemente, com a percepção do contexto externo reduzida, não sabe como atuar de maneira efetiva para transformar o ambiente à sua volta. A chave para o desenvolvimento da inteligência contextual está na acuidade ou hiperacuidade para captar o maior número de informações sobre qualquer situação. Porém interferem também a flexibilidade mental, a cultura geral, a educação e o respeito cosmoético às demais consciências.

Quem não olha com atenção e acuidade para dentro de si, não o faz para fora. A autoassistência precede a assistência aos outros; a autocompreensão precede a heterocompreensão; a autocrítica (sadia ou não) revela a qualidade da criticidade aos outros; e assim por diante. A melhoria da acuidade cosmoética inicia-se através da auto-observação.

Somente após o posicionamento pessoal, feito através da identificação do próprio espaço, é que se pode diferenciar e identificar as informações vindas de fora. Para isso, é preciso:

- *Direcionar melhor o foco dos próprios pensenes.*
- *Identificar com clareza os valores pessoais e conceitos defendidos.*
- *Discriminar as energias do holochacra e os estímulos que chegam à própria psicosfera ou aura.*
- *Avaliar a intencionalidade básica em cada manifestação.*

A inteligência contextual permite desenvolver o continuísmo na manifestação consciencial, pois ajuda a clarear as conexões entre ambientes, consciências, dimensões, energias, causas e efeitos.

Técnica da Análise das Decisões

Existem questões primordiais que precisam ser respondidas frente a decisões importantes de qualquer natureza. De acordo com essas questões, o processo decisório pode ser dividido em apenas 4 etapas básicas nas quais podemos analisar a utilização da coragem mentalsomática e da inteligência contextual.

Nesta análise, vamos considerar alguns atributos do *mentalsoma*, extraídos do capítulo 310, do livro *700 Experimentos da Conscienciologia*, de Waldo Vieira, que podem nos ajudar a expandir a visão de conjunto sobre os fatores a serem estudados dentro da lógica multidimensional.

1 – Do que trata a ideia básica ou contexto inicial? O que, efetivamente, está caracterizando a situação?

De acordo com a antiga premissa de que qualquer resolução mais satisfatória de uma dificuldade necessita da correta percepção do problema, o ponto de partida é definir com a maior exatidão possível qual é a questão ou a necessidade real que está sendo avaliada. Para isso, importa verificar 3 variáveis:

- *Ambientais.* Referem-se ao local onde se desencadeia o fato: familiar, profissional, social ou escolar; interno (fechado) ou externo (aberto); conhecido, menos conhecido ou desconhecido. Deve-se considerar também: o padrão das energias gravitantes (holopensene local); a dimensão física e as dimensões extrafísicas.

- *Conscienciais.* Referem-se ao estado das consciências envolvidas (intrafísicas, extrafísicas ou projetadas fora do corpo); ao nível de flexibilidade mental (lucidez, visão de conjunto sobre a situação); ao estado de equilíbrio holossomático; aos valores pessoais e à experiência (conhecimento técnico sobre o assunto).

- *Sociais.* A conjugação entre as características ambientais e a sociabilidade das consciências presentes: amigáveis ou hostis; conhecidas ou desconhecidas; de relação íntima, próxima ou formal.

Dois atributos entram na avaliação destas variáveis:

a) **Intelecção.** É a inteligência propriamente dita, a conceituação e contextualização dos fatos, a capacidade intelectual de elaboração dos problemas em si. Exige um raciocínio lógico e sistêmico ao mesmo tempo para poder avaliar e correlacionar os fatores intervenientes. A intelecção inclui a capacidade de compreensão para reunir as informações e as correlações decorrentes de modo prático e coerente.

b) **Parapsiquismo.** Relacionado diretamente com as parapercepções energéticas (energias imanentes e energias conscienciais) e a participação de consciências extrafísicas envolvidas e seus possíveis interesses. Embora sejamos seres individualizados, é comum atuarmos em conjunto, em situações críticas, com amparadores, dependendo da abertura pensênica de cada um.

2 – Quem ou que fatores intrafísicos e extrafísicos interferem positiva ou negativamente?

É a identificação de quais são os estímulos alimentadores da situação, inclusive os possíveis ganhos secundários. Novamente, será necessária a análise criteriosa da participação e responsabilidade, nossa e das outras consciências envolvidas. Quais são os traços de personalidade a serem detectados? Qual tendência comportamental está imperando?

Os dois atributos conscienciais preponderantes no caso são:

a) **Pensenidade.** Diz respeito à razão, à faculdade de raciocinar, induzir e deduzir, à hiperacuidade para prestar atenção em tudo. *Às vezes, os fatores mais influentes são aqueles que menos aparecem à primeira vista.* Quanto mais lúcida a consciência, mais detalhes percebe e considera no tempo e no espaço. Nenhum aspecto é menosprezado. O que se está pensando a todo momento é importante, pois pode ser, inclusive, reflexo dos acoplamentos energéticos estabelecidos com os envolvidos. É preciso saber diferenciar o que é pessoal e o que não é.

b) **Associação de ideias.** Diz respeito às argumentações lógicas, ao cruzamento de informações para estabelecer relações, às elucubrações mentais e parapsíquicas. A associação de ideias permite as identificações máximas dos fatores envolvidos, as controvérsias úteis da dialética franca e assistencial (auto e heteroassistência) e as refutações corretas daquilo que não é o prioritário. A ideia é chegar aos estímulos principais.

Neste ponto, é preciso estar atento aos mecanismos de defesa do ego, sistemas de autodefesa, inconscientes, caracterizados pela procura da defesa do autoconceito, onde a consciência assume posturas sem a percepção dos fatores intrínsecos à própria personalidade, e que, não raro, têm relação direta com o contexto.

Ex: *Negação da realidade:* mecanismo em que a pessoa quer evitar fatos desagradáveis, ignorando-os ou recusando-se a reconhecê-los (avestruzismo).

O incremento das autopercepções é peça-chave em qualquer contexto onde se busca o escrutínio dos fatores intervenientes reais de uma situação em análise e todo esforço neste sentido é válido. Uma pergunta pertinente é: *existe alguma postura minha que vem alimentando a condição problemática?*

Não podemos ter a inocência de nos colocar de fora ou excluir nossos motivos. Se o problema se apresenta a nós, temos relação direta com o fato e um papel a desempenhar. Querendo ou não, todos somos minipeças dentro de um maximecanismo multidimensional, apenas alguns estão funcionando bem e no lugar certo, outros não.

3 – Quais as possíveis soluções ou atitudes que podem ser tomadas, visando superar o problema?

Aqui, a praticidade é vital. Utopias em nada ajudam. O problema está diagnosticado e as peças a serem utilizadas para solucioná-lo são as que temos em mãos. Mau humor e pessimismo são atitudes derrotistas, típicas dos assediadores. Palavras *mas, se,* e *talvez* devem ser eliminadas do vocabulário neste momento. Sem ação, nada muda.

Na análise destas soluções possíveis, dois atributos se completam:

a) **Imaginação.** Instrumento das fantasias e ilusões, responsável pelos devaneios e dispersão de energias sem resultados mais práticos. Também apresenta conexão direta com a originalidade, a capacidade de inventar, criar e fecundar as ideias, unir o que é aparentemente desconexo, fazendo surgir o que se chama de genialidade. Quando somada à ousadia de tentar inovar, oferece novos enfoques sobre os fatos em questão, muito além da linearidade do pensamento monofásico. As repressões introjetadas pela consciência criam sérios obstáculos para a expansão da criatividade. Eis outra aplicação prática do pensamento polifásico e multidimensional anteriormente exposto.

b) **Paraimaginação.** Refere-se à intuição, o *feeling*, o acesso ao conhecimento de maneira espontânea e instantânea pela captação de ideias originais. Inclui a análise sistemática das descobertas e o trabalho paracerebral das expansões de consciência, que permitem aflorar as ideias inatas localizadas na holomemória. O uso destes atributos ajudam na elaboração das soluções em todas as fases da abordagem do problema, permitindo prognosticar de modo lúcido as possíveis consequências.

Não raro, os problemas mais complexos requerem uma preparação estratégica antes de se consumar uma ação mais definitiva. Trabalhar com todos os elementos sem deixar rastros negativos liberta as consciências das interprisões grupocármicas e favorece o crescimento e amadurecimento de todos os envolvidos. No entanto, não vamos confundir esta condição com a sociosidade de querer estar bem com todos, típica dos *muristas* e dos covardes, das pessoas de baixa autoestima e dos políticos interesseiros. Estamos nos referindo à ação evolutiva, com repercussões salutares dentro da multiexistencialidade e não somente imediatas.

A valorização do aspecto melhor das pessoas, dos traços mais positivos, auxilia a descobrir como proceder, conforme as capacidades de cada um. Podemos levantar as melhores hipóteses, baseadas em dados obtidos nas duas primeiras etapas, para depois decidir como resolver a questão.

4 – Qual o objetivo principal, ou que resultados se espera alcançar?

A 4ª e última etapa é a dissecação da intencionalidade, a anatomização do *materpensene*. O materpensene, segundo a Conscienciologia, é o embasamento, o pensene predominante dentro de um holopensene, a síntese pensênica do holopensene pessoal, a unidade de medida da autocrítica. É a intencionalidade básica da consciência. Esta intencionalidade deve estar clara quando se trata de uma situação que exige mudanças ou transformações mais significativas, porque dela depende a qualidade do resultado a ser alcançado e a participação mais efetiva de amparadores ou assediadores extrafísicos.

Os dois atributos que preponderam nesta etapa final são:

a) **Autojuízo crítico.** Diz respeito à vivência lógica, estabelecida na racionalidade sobre as experiências pessoais, à abertura e ao despojamento necessário para a auto e a heterocrítica sadias. Inclui também neste atributo a *autocoerência*, que sustenta a decisão ao longo do tempo. Sem ela, o resultado fica automaticamente comprometido. O autoenfrentamento sincero e a reflexão lógica e positiva sobre os próprios erros facilita concatenar as ações entre si com proatividade.

b) **Autodiscernimento.** É a autoconsciência apurada, a capacidade de decidir e identificar entre duas ou mais opções qual é a mais inteligente e que vai alavancar o desenvolvimento pessoal. O discernimento identifica e diferencia a ação ideal da medíocre ou de pouca expressão evolutiva, a solução mais definitiva do alívio paliativo. É essencialmente prático. Não existe discernimento teórico, pois apenas teoria não evolui ninguém. Por isso, é considerado o atributo mais desenvolvido da criticidade sadia, rumo a patamares de maturidade multidimensional cada vez mais elevados.

O *discernimento cosmoético*, o respeito ao nível evolutivo das consciências envolvidas, e a *intenção* sincera de encontrar a solução melhor para todos permitem maior acerto e conexão com os amparadores interessados na resolução dos problemas.

Vale lembrar que, conforme a complexidade do problema, a solução não pode ser alcançada plenamente em uma única vida. Às vezes, o resultado mais efetivo só vai se consolidar após a dessoma (morte biológica) ou algumas vidas a frente.

A coragem evolutiva mentalsomática é evidenciada nas atitudes globais policármicas, sob as diretrizes da cosmoética.

A partir da análise destas 4 etapas, estaremos mais seguros da possibilidade de reduzir a margem de erro no desencadeamento das ações. A coragem mentalsomática evidencia, além do discernimento, 5 outros talentos que a pessoa já desenvolveu:

Autossustentabilidade. Tem relação com os propósitos estabelecidos e não com o radicalismo nos procedimentos adotados. Permite ir até o fim no empreendimento construtivo proposto.

Autonomia. É valor intrínseco de quem conta, principalmente, consigo mesmo para superar as dificuldades que se apresentam, em todas as situações.

Criatividade. Capacidade para atuar junto aos imprevistos ou variáveis novas que possam surgir no decorrer da solução de um problema ou mudança de posturas pessoais e promover os reajustes necessários, sem com isso voltar à condição anterior. Ajuda a manter o continuísmo das propostas iniciadas.

Flexibilidade. Por estar sempre buscando as melhores soluções, aberta a novos enfoques para questões ou adversidades (ginástica cerebral), a consciência mantém as sinapses ativadas e cria novas associações de ideias. Isto lhe possibilita ter valores sempre em renovação, condição essencial à dinâmica evolutiva.

Segurança. Está no autoconhecimento e na confiança nas potencialidades que possui, utilizando-se de melhor senso de observação, do comportamento alerta e da autocrítica permanente. A valorização dos próprios talentos, dotações e conquistas pessoais favorece o desenvolvimento deste traço.

Vamos delinear agora alguns traços da personalidade que já emprega a *coragem evolutiva mentalsomática* nas suas ações:

- Manifestação predominante pelo mentalsoma: discernimento em alta.
- Utilização corrente do cérebro encefálico (instintos dominados).
- Ações centradas prioritariamente no policarma.
- Vivência prática da cosmoética avançada.
- Autoconscientização multidimensional avançada.
- Coragem cosmoética permanente.

Podemos observar comparativamente os traços de personalidade nos 3 tipos de coragem:

Coragem Consciencial Bruta	Coragem Evolutiva	Coragem Evolutiva Mentalsomática
1. Manifestação padrão pelo vigor físico.	1.Manifestação alternante entre emoções/sentimentos e discernimento.	1. Manifestação predominante pelo mentalsoma: discernimento em alta.
2. Utilização predominante do subcérebro abdominal (ação pelos instintos).	2. Utilização alternada do cérebro encefálico e subcérebro abdominal (recaídas).	2. Utilização corrente do cérebro encefálico (instintos dominados).
3.Ações centradas prioritariamente no egocarma/grupocarma esboçante.	3. Mais resolvido com o egocarma; grupocarma atuante; policarma esboçante.	3. Ações centradas prioritariamente no policarma.
4. Vivência marginal à cosmoética.	4. Melhor noção da cosmoética.	4. Vivência prática da cosmoética avançada.
5. Ausência de autoconscientização multidimensional.	5. Autoconscientização multidimensional relativa.	5. Autoconscientização multidimensional avançada.
6. Coragem baseada na exacerbação emocional.	6. Altos e baixos na coragem pessoal.	6. Coragem cosmoética permanente.

Seja qual for a nossa posição em relação a essas classificações da coragem consciencial, é importante compreender que todos estamos sujeitos a acertos e erros. O medo de errar, de tentar, que caracteriza a covardia evolutiva, acaba com a possibilidade de êxito na execução da programação existencial e mantém a consciência estagnada evolutivamente.

Enquanto a pessoa esperar que todas as condições estejam propícias, nunca fará nada. Melhor é adaptar-se e trabalhar dentro das possibilidades, sem inibições ou constrangimentos desmotivadores.

"Aprender a produzir com os elementos que temos à mão é uma questão de inteligência" (Marina Thomaz – ver Bib. 31).

A coragem é o instrumento prático da consciência para a autossuperação de provas ou testes multidimensionais.

Para aqueles que argumentam que não têm as condições necessárias para poder trabalhar na própria evolução vale analisar o exemplo na matéria publicada na Revista Veja de 31 de maio de 1995 sob o título *Uma UTI nas Alturas:*

Uma escocesa, de nome Paula Dixon, sofreu um acidente de motocicleta 2 horas antes de embarcar num Boeing 747 da British Airways, rota Hong Kong – Londres, em 20 de maio de 1995. Como não teve ferimentos físicos visíveis, apenas algumas dores da queda, sacudiu a poeira do corpo e embarcou mesmo assim. Durante o voo, Paula começou a passar mal.

A tripulação perguntou entre os passageiros se havia algum médico à bordo e 2 passageiros se apresentaram, os médicos britânicos Tom Wong e Angus Wallace, cirurgiões de guerra. Passado algum tempo do primeiro diagnóstico e da imobilização de um braço, as comissárias de bordo notaram que houvera uma piora do estado de Paula, que apresentava fortes dores no peito e mal conseguia respirar. Após um segundo diagnóstico, os médicos perceberam que teriam que operá-la em pleno voo, devido a 2 costelas quebradas que perfuraram a pleura do pulmão direito.

Foram utilizados os seguintes instrumentos na cirurgia: bisturi e injeção analgésica da caixa de primeiros socorros; conhaque francês Courvoisier no lugar de analgésicos e éter; garfos e facas em vez de pinças; cabide de arame desdobrado, tubos de borracha da máscara de oxigênio e uma pequena lapiseira desmontada em vez de cateter; uma garrafa plástica de água mineral funcionando como bomba de sucção e fita adesiva.

Segundo a reportagem, a escocesa Paula Dixon só não morreu porque "topou com a coragem, destreza e criatividade dos 2 médicos". Na opinião do médico Milton Glezer, do Pronto socorro do Hospital de Clínicas de São Paulo, apenas ínfima parcela dos médicos está preparada para agir em situações de improviso. No Brasil, menos de 1%.

Interessa observar a ousadia, o destemor, a iniciativa e a criatividade para resolver uma situação crítica. O exemplo que podemos trazer para nossa evolução é, justamente, a capacidade de trabalhar sem esperar que tudo esteja propício para começar, buscar a realização da programação existencial com as condições disponíveis.

A consciência que é responsável por alguma tarefa evolutiva, até as últimas consequências cosmoéticas, desenvolve a coragem consciencial.

Quadro Comparativo das Posturas

A partir do que foi abordado até o momento, podemos estabelecer um quadro comparativo entre a *coragem consciencial evolutiva* e as *atitudes estagnadoras.* Neste quadro-síntese podemos reconhecer os atributos discutidos até este momento e alguns que serão apresentados nos 2 capítulos finais. Convidamos o leitor ou leitora a uma reflexão sobre os itens apresentados nas duas colunas. Mesmo se houver alguns itens em que seu desempenho não esteja claramente em uma ou outra coluna, procure classificar em qual prepondera: na coluna da direita ou da esquerda? Se na análise de algum item você achar que está no meio, é melhor enquadrar-se na da direita. Esta análise poderá ajudá-lo a compreender quais são os pontos a serem melhor trabalhados.

CORAGEM CONSCIENCIAL EVOLUTIVA	**ATITUDES ANTIEVOLUTIVAS ESTAGNADORAS**
1. Agressividade controlada.	1. Agressividade descontrolada, ou reprimida.
2. Determinação, força de vontade.	2. Dúvida, fraqueza interior.
3. Comunicação franca, sinceridade.	3. Timidez, demagogia.
4. Mudança de opinião com base em fatos.	4. Radicalismo ou pusilanimidade nas opiniões.
5. Fraternismo.	5. Ressentimentos (autoculpa).
6. Postura de igualdade.	6. Postura superior ou inferior.
7. Visão de conjunto (visão curva).	7. Visão parcial egoica (visão linear).
8. Valores em renovação/ criatividade.	8. Estruturas cristalizadas do ego.
9. Metas determinadas.	9. Obstáculos intransponíveis.
10. Comportamento alerta/ acuidade.	10. Apatia e desinteresse/ negligência.
11. Autocrítica lúcida.	11. Heterocrítica onipresente.
12. Renúncia/ confiança nos amparadores.	12. Posse/ preservação do *status quo*.
13. Atitudes globais policármicas.	13. Atitudes sectárias egocármicas.
14. Ambiguidade sadia/ flexibilidade.	14. Ambiguidade demagógica.
15. Observar e agir de maneira clara.	15. Espreitar e agir sorrateiramente.
16. Produtividade consciencial positiva.	16. Produtividade consciencial inexistente.

CAPÍTULO 7

CORAGEM EVOLUTIVA E MUDANÇA COMPORTAMENTAL

"A responsabilidade da mudança cabe a nós. Isso significa combater os assassinos de ideias que correm para matar qualquer nova sugestão alegando a sua impraticabilidade, enquanto defendem seja lá o que for que exista como prático, não importa quão absurdo, opressivo ou inviável possa ser".
Alvin Toffler

Até agora, ressaltamos 3 tipos de impulsos básicos na manifestação das consciências.

1. *Preservação da vida.* É o instinto de sobrevivência, base do sistema de defesa do medo.

2. *Socialização.* Necessidade de se relacionar e ser reconhecido, de trocar experiências e afeto com os outros.

3. *Evolutivo.* Impulso à renovação dos hábitos e melhoria de desempenhos pessoais. A repetição dos mesmos tipos de experiências satura a consciência, fazendo-a sentir a necessidade de mudança.

Segundo a predominância de cada impulso, se estabelecem o conjunto de valores de uma pessoa, que por sua vez, determinam suas prioridades e escolhas. A consolidação das mudanças comportamentais mais positivas ocorre efetivamente quando há um alinhamento entre a coragem e a renovação dos valores evolutivos do indivíduo. Sem conhecer a origem das prioridades, ou princípios pessoais envolvidos, a coragem pode tornar-se improdutiva.

Por isso, conhecê-los é tão importante. Quando a pessoa, motivada pelo desejo de evoluir, se defronta com os conflitos íntimos decorrentes do choque entre os próprios valores, derivados dos diferentes impulsos e, não raro, contrapondo-se uns aos outros, sente a dificuldade de sustentar as mudanças propostas. Percebe, na prática, que os verdadeiros obstáculos à evolução estão dentro dela mesma.

Por exemplo: se uma pessoa decide mudar de cidade porque chegou à conclusão de que o novo local vai favorecer a realização de suas metas evolutivas e, em contrapartida, se vê em crise para afastar-se das pessoas queridas, está ocorrendo um confronto entre os valores derivados de seus impulsos evolutivo e de socialização. Aquele que for mais forte vai determinar a escolha final.

Como podemos observar, os comportamentos de uma pessoa derivam dos seus valores, sejam os intrínsecos (dela mesma) ou aprendidos (influência mesológica). Modificar um comportamento não é o mesmo que mudar um valor intrínseco. Pode ser simplesmente uma troca de reflexos condicionados, muitas vezes, tendo a repressão como base. Existe uma diferença clara entre reeducar e reprimir comportamentos.

A reeducação consiste na compreensão e atualização dos valores pessoais que sustentam os comportamentos indesejados. Trabalhar com as causas para renovar efeitos. O reconhecimento dos valores determinantes de nossas atitudes cria um sistema de referência interno, dando maior segurança a renovação pessoal.

A repressão (refreamento dos próprios impulsos) ocorre pela adoção de posturas desconectadas com os valores intrínsecos, em que a pessoa adota um modelo de comportamento pronto, segundo um sistema de referência externo, isto é, a opinião dos outros. Esta condição cria o comportamento condicionado, quando a pessoa age sem pensar na razão de estar fazendo aquilo.

A reeducação liberta a consciência. O fortalecimento do sistema de referência interno cria condições sustentáveis para a expansão da coragem.

Quanto mais sólidos os princípios pessoais, mais a coragem evolutiva se fortalece.

Quando não se identifica com clareza o ponto de mudança a ser trabalhado, dentro do próprio microuniverso, podem ocorrer erros de interpretação e transferências de responsabilidades que em nada vão ajudar na solução dos problemas, pois não tratam a causa real.

Importa também não confundir as renovações lúcidas de comportamento com qualquer outro tipo de mudança superficial (de endereço, de companhias, de profissão), caracterizando apenas a fuga de situações não resolvidas que, provavelmente, se repetirão, porque a causa está dentro da própria consciência.

Quando significativamente positivas, as modificações dos padrões de pensamentos e sentimentos são realmente complexas, difíceis e exigem o melhor dos nossos esforços. Por isso, requerem coragem.

A manutenção destas renovações pensênicas exige atenção e organização. A autopesquisa madura ajuda a manter a motivação, a energia empregada após a decisão para a execução dos planos propostos. Neste caso, a coragem retrata a ambiguidade sadia, a necessidade de interagir e ao mesmo tempo sobrepairar a opinião pública, sem comprometer a realização das metas.

Há fatores que dificultam a implementação de condutas mais produtivas evolutivamente. Vamos analisar como a coragem pode auxiliar na superação desses fatores.

Superação dos Fatores Dificultadores

Entre os fatores que dificultam a mudança, o principal é justamente a dificuldade de trabalhar consigo. Quando estamos predispostos a implantar renovações íntimas, já iniciamos a solução dos problemas ligados a nossa evolução. Entretanto, quando esta predisposição é "da boca pra fora", sem uma intenção verdadeira, tem-se, no máximo, soluções paliativas.

Os fatores dificultadores para a implementação das mudanças comportamentais geralmente apresentam 3 vertentes: a influência da emocionalidade; a renovação das redes sinápticas; e as redes de retenção evolutiva.

Dominando a Emocionalidade

A emocionalidade é o nó górdio para a maioria. A instabilidade emocional na hora de decidir, por exemplo, torna a qualidade do resultado imprevisível ou de baixa confiabilidade. Para a terapeuta Susan Forward, "poucas coisas são mais estressantes do que tomar uma decisão importante na nossa vida" (ver Bib. 12). Se o indivíduo diagnostica e reconhece uma dificuldade pessoal é porque já tem condições de superá-la. Se já consegue encarar o problema com razoável racionalidade, poderá traçar uma estratégia de ação. A coragem atua como elemento de pacificação ao enfrentar-se os momentos de escolhas mais críticas.

A influência da emocionalidade na implantação de novos comportamentos está relacionada com o domínio que a consciência tem sobre seus veículos de manifestação. Analisemos este aspecto, observando cada um desses veículos:

- *Mentalsoma.* A falta de informações ou de controle (lucidez) cria as brechas para alternância entre euforias desequilibradas e inseguranças quanto aos resultados esperados. As diretrizes de ação para os demais veículos são confusas, e estes, por vez, tendem a reforçar esta falta de controle.
- *Psicossoma.* Salienta o processo emocional, tornando-se mais exacerbado quanto menor a lucidez da consciência. As informações vindas do mentalsoma sofrem um afunilamento, o que tende a reforçar o estado de desequilíbrio.
- *Energossoma.* Predominância do chacra cardíaco (centro de energia do holochacra ligado ao processo emocional) monopoliza a energia dos demais chacras. A pessoa tende a apresentar rompantes de vitalidade, dispersando

energias, para depois sentir-se esgotada, descompensada energeticamente.

- *Soma.* Sofre o efeito das dificuldades apontadas nos outros 3 veículos. A consciência tende a ser mais impulsiva, agindo por instinto. Por vezes produz muito, em outros momentos, perde rendimento e qualidade em suas tarefas.

Se a potencialidade da consciência está diretamente relacionada a antiemocionalidade, o controle do fator emocional, a estabilidade dos pensenes mantém mais constante o discernimento e, consequentemente, a produtividade.

Vivemos em um planeta em que a maioria dos habitantes prioriza as emoções acima de qualquer contexto. Segundo Vieira, para controlar a emotividade, o ideal é "viver pensando e pensar vivendo, utilizando a máxima lógica possível, sem tentar desvincular os elementos que compõem o pensene", ou seja, concatenando adequadamente a razão, o sentimento e as energias, com equilíbrio. A racionalidade e a hiperacuidade facilitam a *colocação dos pingos nos is,* dando a cada coisa o peso e o valor real. O exercício do autoaprendizado requer atenção, dia após dia. Só podemos fazer aquilo que está ao nosso alcance, mas podemos fazê-lo cada dia melhor.

Refazendo as Redes Sinápticas

Outra dificuldade para implementar e manter as mudanças é a fixação das sinapses novas referentes aos comportamentos desejados. As redes sinápticas ou as conexões que se estabelecem entre os nossos neurônios (células nervosas) são formadas por estímulos recebidos ou comandos desencadeados pela vontade da consciência.

Quanto mais vezes é repetido um pensamento ou ação, maior é a fixação da rede sináptica responsável por esta manifestação. Por isso, quanto mais repetimos uma ação, mais facilidade temos para executá-la, por outro lado, quanto maior o tempo de manutenção de uma postura, mais díficil é a modificação da mesma.

Na mudança, precisamos nos acostumar a pensar de modo diferente, olhar as coisas sob novos prismas, procurar novos enfoques, para assim criar novas sinapses. Se passamos décadas mantendo e alimentando o mesmo tipo de comportamento, não podemos superá-lo em um dia. Habituamo-nos a certos estímulos. Por isto, saber o que precisa melhorar é um grande passo, porém não é suficiente para alterar um comportamento.

A consciência já identificou o ponto de mudança, mas seus veículos de manifestação, ainda acostumados ao padrão antigo têm a tendência de repetir o mesmo comportamento, pois não estão atualizados ou adaptados. Esta atualização pode levar algum tempo, conforme o nível de vontade aplicada para a autossuperação.

Por exemplo, a pessoa após parar de fumar ainda levará algum tempo para superar o impulso e a vontade do vício, pois a mudança de hábito vai repercutir em todos os seus veículos (ver Bib. 45). Vejamos:

1. soma. A cobrança cerebral do estímulo químico do cigarro, por exemplo, a nicotina (dependência química);

2. holochacra. A cobrança de possíveis consciências extrafísicas acostumadas àquele padrão energético. O bloqueio do cardiochacra, habitual de quem fuma, dificulta o equilíbrio emocional (carência energética);

3. psicossoma. O hábito psicológico ou emocional do cigarro, gerado pela insegurança, ansiedade ou outros estados emocionais alterados (dependência psicológica);

4. mentalsoma. O hábito consolidado de pensar em fumar. O monoideísmo ou ideia fixa. Há quem programe o despertador para fumar de madrugada (bloqueio mental).

Todos estes impulsos condicionados pressionam a consciência ao retrocesso. Fato análogo acontece quando tentamos modificar um comportamento mais antigo.

Mudar comportamentos significa renovar a geração dos pensenes. Esta renovação vai, pouco a pouco, refazer as redes sinápticas. A vontade é o elemento desencadeador do pensene, logo, comanda o ritmo da mudança. A alteração das redes sinápticas exige firmeza e perseverança na manutenção dos novos hábitos.

Superando os Surtos de Imaturidade

Surto de imaturidade é a volta a comportamentos cediços, ultrapassados, não raro alimentados por assediadores interessados na manutenção de antigos padrões comportamentais. Estes surtos se tornam mais frequentes quando a consciência se aproxima dos próprios gargalos evolutivos, onde a pressão energética contrária a mudança (contrafluxo) se faz mais forte. É um ponto em que a coragem evolutiva é primordial.

A duração desses surtos pode ser curta, quando a percepção imediata do retrocesso permite a recuperação mais rápida da lucidez sobre a meta programada; ou longa, chegando a levar uma vida inteira, quando a recuperação da melhor lucidez só ocorre após a desativação do soma. Neste caso, a melancolia extrafísica é praticamente inevitável.

Normalmente ocorrem durante a fase de transição entre o antigo referencial de vida e o novo que se está tentando implantar. O primeiro sinal é uma sensação de desconforto. A pessoa sente-se deslocada, sem reconhecer o próprio espaço. Depois, entra numa crise de identidade, não reconhecendo a si, ou quais são seus valores reais. Neste momento de fragilidade, é comum haver saudosismos e evocações assediadoras, que reforçam as redes sinápticas anteriores.

Os surtos de imaturidade podem ser desencadeados por 4 fatores básicos:

1. incerteza quanto ao resultado futuro. Embora a expectativa seja positiva, há um percentual de incerteza quanto aos resultados propriamente ditos. O fator emocional aumenta esta incerteza e insegurança, iniciando um processo subliminar de autoassédio;

2. *apego aos ganhos secundários da situação anterior.* A consciência começa a se recordar apenas dos momentos agradáveis da situação anterior – potencializando suas carências – e esquece dos reais motivos que desencadearam a tomada de decisão em busca dos *ganhos evolutivos* almejados;

3. *atuação de assediadores extrafísicos.* O autoassédio, agora mais intenso, abre as portas para o heteroassédio. Aqui, atuam dois tipos de consciências extrafísicas assediadoras: aquelas ligadas à própria pessoa, interessadas em mantê-la no patamar antigo, conservando sua fonte de energias; e as ligadas às pessoas próximas, devido ao receio de que a mudança traga renovações capazes de diminuir o controle que possuem sobre estas;

4. *atuação das pessoas próximas.* A família e as amizades em geral, acostumadas e acomodadas ao antigo referencial, começam a reclamar da mudança. O exemplo positivo e o esforço pela melhoria incomoda e constrange, porque mostra que, se a pessoa pode mudar, então eles também podem. Isto significa ter que sair da passividade e do subnível. As cobranças sobre os novos hábitos adquiridos e a chantagem emocional são comuns nestes casos. Estas pessoas também podem atuar como *inocentes úteis* (marionetes) dos assediadores extrafísicos.

O esquema abaixo ilustra a condição do surto de imaturidade, caracterizada pela *turbulência* ocorrida no período de transição de uma condição *conhecida*, porém menos evoluída, para uma condição melhor, porém *desconhecida.*

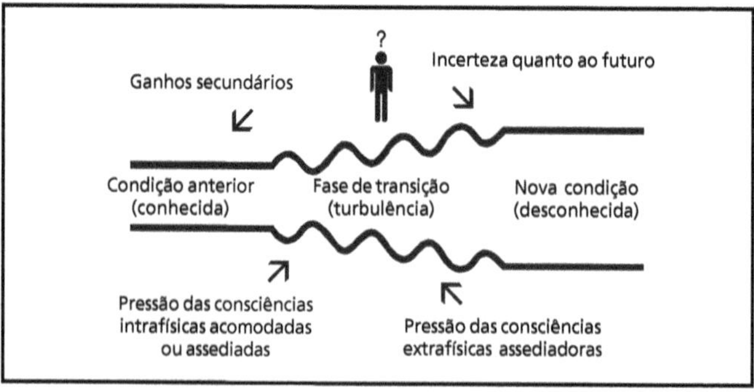

Figura 1 – Surtos de imaturidade

No surto de imaturidade, a pessoa que, no começo, estava firme nos propósitos pessoais, começa a vacilar. Neste momento, o que era óbvio passa a não ser, aquela ideia brilhante parece confusa, o movimento de mudança soa egoísta e radical, as cobranças aumentam e são associadas a evocações de erros passados, e o que estava certo e coerente torna-se incerto e precipitado. Atua o mecanismo de defesa do ego da regressão, caracterizado pela volta a um comportamento antigo, readmitido pela circunstância, para aliviar a tensão do período de turbulência. Ao sentir-se pressionado, procura fugir através das mais diferentes falácias, sem maiores reflexões, agindo por impulso.

Outra situação desencadeadora da volta ao antigo padrão é o receio do contrafluxo decorrente da "poeira levantada". A pessoa alega que deveria estar fazendo algo errado pois diferentes problemas afloraram e, quando recuou, tudo voltou ao normal. Este é o autoengano da consciência que encontra uma justificativa para fugir do autoenfrentamento.

A sistematização sugerida no capítulo anterior pode servir de vacina para os surtos de imaturidade. Para isso, deve ser minuciosa e, preferencialmente, feita por escrito. Isto pode parecer exagero, mas na prática, é uma forma de não perder a clareza das coordenadas estabelecidas. O plano de renovação, quando não anotado, é facilmente distorcido nos instantes de maior pressão emocional.

Não há receita padronizada para superar os surtos de imaturidade. A decisão ocorre no íntimo da consciência. A coragem que mantém a determinação e a máxima isenção emocional possível são as melhores ferramentas.

Em respeito cosmoético à liberdade de ação e aprendizado, nossos amparadores ficam na condição de espera de nossa decisão.

Desfazendo as Redes de Retenção Evolutiva

A interdependência de todas as coisas é uma realidade de difícil contestação. As constantes trocas de informações veiculadas através das energias, decorrentes das manifestações de uma consciência, geram conexões dos mais variados tipos e formas.

Estas interações regem certas leis de causa e efeito, atuantes sobre a liberdade das ações individuais e coletivas, que podem se configurar em redes de retenção evolutiva.

Vieira aponta 5 tipos de redes interativas básicas passíveis de conter o desenvolvimento da consciência.

1. *Afetiva* (as ligações ou laços afetivos).
2. *Egocármica e grupocármica* (o egoísmo e a convivência grupal).
3. *Energética* (os pensenes e os acoplamentos energéticos).
4. *Mnemônica* (as situações vividas em seu passado).
5. *Cosmoética* (a moral vivenciada).

Vamos procurar desenvolver a proposição de Vieira buscando enfocar a aplicação da coragem no rompimento dessas redes de retenção.

1 - Afetiva

Refere-se ao nível alcançado de maturidade manifesta em nossos afetos e desafetos, as ligações estabelecidas com outras consciências. Os sentimentos, sejam bons ou ruins, sempre estreitam essas ligações. A qualificação e a proximidade da relação só pode ser melhorada se houver esforço para a compreensão apaziguadora dos conflitos interpessoais.

Quanto maior a maturidade da relação, maior a liberdade dos envolvidos. O sentimento de mágoa ou ressentimento e a posse, traduzida em reações de ciúme e controle, (comum nos relacionamentos afetivos), castram a liberdade da consciência.

Não somos donos uns dos outros, apenas compartilhamos temporariamente certas experiências. Esta constatação não deve ser fonte de constrangimento ou intranquilidade, mas de libertação. As relações mais difíceis, requerem renúncia e perdão. Abrir mão do próprio ego é a única maneira de descobrir, pouco a pouco, o amor puro.

Quando a consciência começa a respeitar a individualidade dos outros, sem alimentar qualquer sentimento de posse, fortalece a coragem evolutiva. A necessidade de controle sobre outrem vem do medo da solidão ou da perda. Paradoxalmente, os afetos mais duradouros são aqueles que apresentam maior percentual de liberdade recíproca. Até a vivência do amor mais maduro exige coragem.

"O egocentrismo infantil e o egoísmo adulto exigem exclusivismo ou reclamam a posse de outrem ou de algo. Ódio é sectarismo. O amor é universalista, cósmico e sem fronteiras. O amor sabe, porque tem o megadiscernimento" (ver Bib. 40).

2 - Egocármica e Grupocármica

Refere-se à abrangência e maturidade das relações entre as consciências, formada pelos rastros de nossas ações e omissões atuais e passadas (outras vidas) dentro do grupo evolutivo nos ciclos multiexistenciais. Está ligada ao esforço pelo atendimento dos interesses pessoais ou à qualidade das manifestações dentro do grupo de convivência mais direto.

Nossas atitudes podem ser mais expansivas e flexíveis ou geradoras de interprisões não só com outras pessoas mas também com locais, instituições ou até países. Quanto menores os débitos de suas relações interpessoais, maior o livre-arbítrio nas escolhas quanto às ligações futuras. O exercício da assistencialidade começa dentro de casa.

A coragem pode ser utilizada para enfrentar com determinação as cobranças grupocármicas geradas pelas próprias imaturidades. A vivência da policarmalidade, liberdade máxima da consciência, só pode ser alcançada após a eliminação do medo de se enfrentar os débitos pessoais, saneando as condições egocármicas e grupocármicas.

Uma postura mais inteligente, portanto, é a de não prender-se mais ao egocentrismo infantil quanto ao trato com as outras pessoas, mas procurar expandir a visão de conjunto sobre os contextos nos quais se encontra, visando favorecer a evolução de todos. Quem alimenta discórdia ou não usa as possibilidades que dispõe em prol da real melhoria do meio onde vive, está restringindo as próprias manifestações.

A coragem de assumir os próprios talentos fortalece a autoliderança, libertando a consciência das amarras do próprio grupo, ao mesmo tempo em que o conduz para um patamar mais avançado de evolução.

3 - Energética

Refere-se ao domínio das manifestações pensênicas, formadas através de nossas ligações energéticas, gerando acoplamentos e sincronicidades. O padrão da energia pessoal, caracterizado através dos pensamentos e sentimentos ou emoções, cria afinizações e ressonâncias com pessoas e situações.

A maior compreensão das implicações e desdobramentos ocorridos pela nossa produção de pensenes, neste contexto, se faz essencial para identificar previamente, em níveis mais avançados, a qualidade dos acoplamentos que iremos gerar. Cada pensamento direciona as energias gerando conexões com situações e consciências afinizadas ao padrão de intencionalidade da ideia inicial.

Estes acoplamentos podem ser libertadores ou geradores de amarras evolutivas. Tudo depende do conteúdo das informações que a energia veicula, desde as dimensões mais densas até as mais sutis.

Para superar esta rede de retenção consciencial, o ponto de partida é o domínio do próprio holochacra, através do estado vibracional.

Também é importante adquirir maior controle sobre os devaneios e fugas mentais (abstrações sem controle).

Nesta reeducação, desenvolvida pouco a pouco, a coragem ajuda no autoenfrentamento mais profundo para analisar a qualidade da higiene mental e da intencionalidade nas atitudes desencadeadas.

Quanto mais madura e evoluída a consciência, mais profundas e, ao mesmo tempo, sutis são as percepções e o controle das suas manifestações pensênicas. Esta conscientização constitui o caminho mais seguro para libertação das outras redes de retenção evolutiva, pois a energia é a base de tudo.

4 - Mnemônica

Refere-se ao discernimento no uso da holomemória, formada pelo registro das informações captadas através dos 5 sentidos básicos e dos estímulos energéticos e extrafísicos, multiexistenciais. A memória nos situa no que estamos fazendo, servindo de ponte entre o passado e o presente, dando um senso de continuidade em nossas ações. Ajuda, desta forma, a estabelecer um sentido lógico e coerente entre o que fizemos e quem somos. Só podemos lembrar dos fatos registrados de algum modo. A memória é a base do aprendizado, permite a associação de ideias e análise das situações, essenciais para compreendermos e superarmos nossas limitações.

Entretanto, conforme a força e o direcionamento, pode nos fixar no atual momento evolutivo. É a rede de retenção, criada por nossas evocações conscientes e inconscientes, que não nos permite renovar certas posturas pensênicas, mantendo-nos presos em nosso passado intraconsciencial. Há retrocognições desencadeadas por assediadores extrafísicos com o único intuito de fortalecer este *rapport* com o passado e potencializar sua ascensão sobre a consciência alvo.

Pode-se perceber esta prisão ao passado através da análise do saudosismo bolorento, do radicalismo monoideísta, da ruminação cerebral auto-hipnótica e da parapsicose pós-dessomática (após a morte biológica). A consciência se aprisiona dentro de si.

Do ponto de vista intracerebral, estudos mais recentes apresentam a teoria da existência de múltiplos sistemas de memória, responsáveis por diferentes funções. Admite-se, hoje, uma divisão da memória em dois aspectos básicos quanto ao cérebro: a memória consciente, também chamada de assertiva ou explícita, e a memória inconsciente, processual ou implícita. Entretanto, não se tem certeza, anatomicamente falando, de como as imagens, sons e cheiros de uma experiência são registrados em nosso cérebro.

A unificação dos 2 tipos de memória ocorre durante as evocações onde o pensene é reconstituído no ato, instantaneamente. É a indissociabilidade do pensamento, sentimento e a energia.

O processo mnemônico é mais do que simples questão de lembrar ou não de algum fato ocorrido. Quanto mais dramática a situação, mais difícil é a renovação comportamental, devido ao cunho emocional normalmente ligado a ela. A memória (informação) e a energia desenvolvem uma reação no holossoma passível de desestruturar o pensamento mais coerente. Estas reações podem, ainda, ser reforçadas pela presença de consciências extrafísicas atraídas pela evocação.

Do ponto de vista multiexistencial, podemos expandir esta teoria anexando o conceito da holomemória, ou memória integral, multiexistencial, intra e extrafísica, de todas as vivências da consciência, tornando este estudo muito mais complexo.

Aqui vale um questionamento: você costuma fazer evocações assediadoras de outras pessoas ou consciências extrafísicas do seu passado?

Segundo a consciencióloga Marina Thomaz, há quem não consiga abrir mão ou não queira esquecer a própria dor. Podemos imaginar rede de retenção pior do que esta?

A lucidez aponta que a vontade comanda a memória, ou seja, a memória em si não tem vontade própria. A coragem da consciência atua na firmeza de impor-se à própria memória para usá-la tão somente como referência de aprendizado e não como elemento fixador da evolução pessoal.

A consciência mais lúcida não apresenta problemas de convivência com as próprias crises de crescimento, porque utiliza-se da coragem para superar o emocionalismo estagnador da evolução. Também não sofre com as recordações do passado multiexistencial, porque já reelaborou suas relações com este passado, visto agora como fonte de informações sem qualquer carga dramática. A falta de retrocognições lúcidas é uma evidência da imaturidade ao lidar com nossa memória multiexistencial.

5 - Cosmoética Vivenciada

Refere-se a maturidade da vivência do universalismo, estabelecida de acordo com a relação entre as informações obtidas e a cosmoética praticada no dia a dia. Conhecimento é responsabilidade.

O nível de vivência da cosmoética pode fortalecer e libertar a consciência (autoridade moral) ou gerar uma rede de retenção evolutiva *(rabo preso)*. As atitudes anticosmoéticas criam comprometimentos de 2 tipos básicos:

1. laços interconscienciais negativos que aprisionam a pessoa em um patamar evolutivo, em função da dívida assumida com as consciências prejudicadas por suas ações e que, não raro, se tornam seus assediadores mais ferrenhos;

2. decorrente do desrespeito consigo mesma, negligenciando os cuidados mínimos com seus veículos de manifestação (a partir do soma) e com as oportunidades evolutivas recebidas.

A dificuldade para liberar-se desta rede de retenção está na superficialidade da autoanálise. Em geral, a primeira alternativa descartada pela pessoa é justamente a causa mais provável de determinados comportamentos indesejados. Eis o porquê da dificuldade em melhorar certas posturas. O escrúpulo em preservar o autoconceito obscurece a percepção dos traços de personalidade a serem melhorados.

Iniciar a liberação desta rede de retenção representa, muitas vezes, conciliar a coragem com os valores pessoais visando a máxima incorruptibilidade possível, tentando melhorar a performance pessoal. Esta é uma etapa complexa para a consciência de mediano grau evolutivo, devido às relações ou apegos emocionais a que está acostumada.

O segundo passo a ser buscado é a eliminação de toda e qualquer atitude sectarista, preconceituosa, discriminadora e antiuniversalista, limitante da liberdade de ação das consciências. A vivência do universalismo liberta porque é expansiva e respeita a diversidade. A cosmoética, um determinismo lógico da evolução, nasce a partir desse respeito pelas diferenças.

A pessoa universalista é comprometida com a melhoria da qualidade de vida de todos. Procura concentrar sua atuação no autodesenvolvimento e na assistência multidimensional, estimulada pela satisfação em vivenciar e proporcionar aos outros a liberdade do conhecimento. A evolução também se traduz por uma cosmoética mais sutil e elaborada.

O desenvolvimento da coragem mentalsomática liberta, pouco a pouco, a consciência das redes de retenção evolutiva, porque possibilita a substituição do acanhamento egoísta e sectário pela vivência mais ampla do universalismo.

Capítulo 8

CORAGEM EVOLUTIVA E PRODUTIVIDADE CONSCIENCIAL

"A conscin mais lúcida tem em si a responsabilidade pela sua evolução. A automotivação suficiente para manter este trabalho ela obtém observando e pesquisando constantemente esta trajetória, ou seja, o próprio desenvolvimento".
Marina Thomaz

O êxito no cumprimento da programação existencial, depende diretamente da produtividade consciencial. Não adianta protelar, o melhor é "arregaçar as mangas" e "colocar a mão na massa".

Observando o comportamento social, reparamos a tendência de pessoas muito influenciadas pela mesologia e pelo emocionalismo de sentirem uma admiração exacerbada, ou até mesmo adoração, aos indivíduos capazes de apresentar desempenhos acima da média, os chamados gênios, como se fossem seres à parte, pertencentes a outra espécie. É mais fácil admirar os outros do que propor-se a um esforço disciplinado e contínuo visando a melhoria dos desempenhos pessoais. "Ah! Se eu tivesse esse dom...". Esquecem-se que a própria genialidade em qualquer área nasceu da dedicação intensa a um campo de atuação, e em muitos casos, esta dedicação tende a ser de *vidas sucessivas.* Nenhum talento se consolidou de um dia para o outro, mas, em algum dia, teve seu desenvolvimento iniciado.

O psicólogo Howard Gardner, especialista em educação da Universidade de Harvard, EUA, afirma que um gênio não vacila ao escolher entre a obra e a vida. Muitos invejam a genialidade, mas poucos estão dispostos a pagar o preço pago por estas pessoas para alcançá-la. Horas, dias, anos, vidas em nome da necessidade de aprender e produzir, de alargar as fronteiras do conhecimento humano. Estas pessoas conseguem conjugar a motivação, o trabalho e o lazer em um único movimento.

Duas características são comuns nas pessoas consideradas geniais e aparecem também nas pessoas realmente interessadas na melhoria dos próprios desempenhos: a *produtividade* e a *coragem*.

1 – A produtividade

Os gênios produzem sem parar, o tempo todo, sem se importar com os erros, fracassos ou resultados inconsistentes. Ao estudarmos a biografia dessas pessoas, verificamos que trabalhavam incessantemente. E em meio a tantas tentativas, um acerto fora de série, acima da média, inaugura uma nova era dentro daquele campo de atuação. Com o esforço perseverante, passam os limites do conhecimento até então disponível e expandem as opções para novas associações de ideias. Geram progresso.

Fato análogo acontece com relação à evolução consciencial. Necessitamos ultrapassar os nossos gargalos evolutivos e aproveitar nossas crises de crescimento, tendo-as como oportunidades de mudança. A cada superação, um passo à frente na história pessoal, ampliando o saldo positivo na autobiografia. A forma ideal de evoluir é equilibrar o aprendizado em todos os campos básicos de manifestação de qualquer ser humano. Conhecer e atender às necessidades pessoais, melhorar as relações grupais e, se possível, expandir a assistência em grande escala. Estamos nesta dimensão intrafísica, prioritariamente, para aprender e ajudar uns aos outros. O país onde moramos, as inter-relações, a profissão escolhida são todos elementos que podem facilitar a evolução pessoal, meios de se obter um avanço na maturidade indivudual e grupal. Não há resultado sem esforço.

2 - A coragem

O ser humano, por natureza, precisa de desafios. Os mais inteligentes buscam desafios evolutivos, que acrescentem algo de verdadeiramente bom para si e para os outros. O esforço para produzir algo útil é fruto da coragem para vencer o pensamento acomodado e não desistir diante dos percalços naturais às renovações positivas. Segundo o psicólogo americano Dean Keith Simonton, estudioso de mais de 2.000 biografias de cientistas, "as maiores figuras da ciência são pessoas que não hesitam em correr riscos, em perseguir ideias e sonhos que parecem ilógicos ou contrários ao pensamento dominante".

No esforço para modificar o quadro de inércia social, mantido pelos costumes e tradições culturais, todos os erros porventura cometidos pelos criadores de novas ideias são passíveis de sofrer críticas ostensivas e jocosas das pessoas satisfeitas com o estado de coisas estabelecido. Quem propõe mudanças mais significativas para melhor fica exposto. Não foram poucos os gênios que, mesmo ridicularizados ao apresentar suas criações, abriram, corajosamente, novas picadas na mata da ignorância, da truculência e da obtusidade. A multidão se nivela por baixo e novas propostas mexem com a insegurança das pessoas em relação ao desconhecido. É preciso ousar para produzir em alto nível.

A produtividade consciencial está diretamente ligada à automotivação da consciência.

A catálise do desenvolvimento evolutivo só acontece quando o fator desencadeante da melhoria dos desempenhos comportamentais é a sua vontade sincera (ver Bib. 40). Se a consciência necessita de agentes externos para manter a motivação pessoal nos compromissos aos quais está ligada, tem dificuldades com o continuísmo em sua produtividade na falta destes agentes. A heteromotivação é sempre fugaz.

Quando a consciência mantém as energias canalizadas para as metas estabelecidas, consegue melhor uniformidade na produtividade individual. A pessoa dinâmica, motivada, realizadora possui um holochacra mais vibrante e saudável. Este é um dos principais benefícios da reeducação parapsíquica. O domínio das bioenergias fornece melhor percepção e defesa mantendo-a mais estável, proporcionando mais segurança em suas atividades. Quando se fala em energia, é preferível a manutenção de um percentual razoável todos os dias do que estar 100% ativo em um dia e completamente desmotivado no outro. A constância e o aprofundamento distinguem os criadores dos repetidores de ideias.

Com relação à prática assistencial, esta constância é ainda mais importante, pois a pessoa torna-se mais confiável para assumir trabalhos complexos e contínuos, como por exemplo, a Tenepes – *tarefa energética pessoal* –, um compromisso assistencial diário, para o resto da vida. Os amparadores confiam mais naqueles com os quais podem contar sempre, mesmo que com um percentual menor de energia. Entretanto, é preciso coragem para vencer as inculcações sociais e assumir o próprio parapsiquismo, buscando desenvolvê-lo, estreitando o contato com as dimensões extrafísicas e as consciências que as habitam.

Outro importante aspecto da produtividade multidimensional é não se iludir com o retorno imediato do trabalho realizado, com o agradecimento ou com o incentivo da sociedade em geral, principalmente quando se trabalha com uma tarefa assistencial de esclarecimento. Mesmo com alta produtividade, o resultado aparece mais a longo prazo, contudo de maneira mais definitiva. A pessoa, dentro dela mesma, deve saber e confiar no que faz. O conscienciólogo, por exemplo, quando evidencia a realidade da consciência com franqueza e sem misticismos e emocionalismos, nem sempre será visto com simpatia, porque suas ideias provocam um choque de valores na maior parte da sociedade intrafísica. Quem só espera aplausos não produz nada de significativo para a evolução das consciências.

Também produz mais quem não tem medo de errar. A melhoria da produtividade inicia-se com a autoconfiança nas capacidades pessoais de realização e produção de resultados positivos. Sem dúvida, até dominarmos melhor nossas manifestações, cometeremos muitos erros em busca de patamares evolutivos mais avançados, onde a ampliação da visão de conjunto permitirá errar menos e acertar mais. Nesse aspecto a autopesquisa fortalece a *coragem mentalsomática* para se corrigir os erros e recomeçar sempre que necessário.

A produtividade consciencial é fruto da qualidade assistencial. Fraternismo é antes de tudo, um ato de coragem.

Não vale a pena iniciar uma atividade, com baixo nível de engajamento ou sem grandes interesses no resultado do trabalho. O ideal é procurar ser o melhor no que for fazer. Essa é a forma de sair do subnível evolutivo.

Podemos fazer uma avaliação mais criteriosa dos nossos desempenhos através do crescimento do aprendizado alcançado. Não existe rotina nem tédio para a pessoa motivada em potencializar seus resultados. A complexidade dos trabalhos realizados, em qualquer lugar, principalmente quando se refere ao parapsiquismo, ao domínio das energias e à prática de tarefas assistenciais mais sofisticadas, devem ter uma expansão contínua. A estagnação aponta a existência de algum erro de abordagem ou postura, e, normalmente, é do próprio indivíduo.

Se a priorização de nossas energias conscienciais canalizadas para nossas tarefas do dia a dia nos dá a medida da nossa produtividade, alguns questionamentos quanto ao emprego de nossas energias tornam-se importantes:

1. *Quanto de minhas energias conscienciais eu gasto com justificativas sobre alguma questão ou trabalho?*
2. *Quanto de minhas energias conscienciais eu gasto reclamando do que os outros fizeram de errado ou deixaram de fazer?*
3. *Quanto de minhas energias conscienciais eu aplico, de fato, nos problemas a serem resolvidos?*

Muitas vezes, perde-se energia demais com ansiedades desnecessárias, descontentamentos e dispersões. É importante organizar nossas atividades para poder clarear as prioridades. Priorização, auto-organização e produtividade andam juntas.

Não raro, ouvimos pessoas dizendo que estão trabalhando muito e por isto andam estressadas; mas paradoxalmente, ao mesmo tempo, quando fazem uma autoanálise mais profunda, sentem-se em subnível evolutivo. Há um nível de estresse saudável quando a pessoa está desempenhando uma tarefa no limite de seu potencial evolutivo. Se não é esse o caso, então há um sério erro de priorização nas atividades e vale a pena uma revisão mais criteriosa de suas escolhas.

Um elemento ainda mais importante na produtividade consciencial está no exercício da grupalidade. Marina Thomaz, em conferência durante o II Fórum Nacional de Qualidade Consciencial – Curitiba 1996, ao expor sobre o tema, apontou um aspecto interessante quando se trata de inter-relações pessoais: a facilidade com que muitas pessoas entram em estado de *dependência* de alguém para atingir as próprias realizações; e outras, por outro lado, buscam a *independência* total, conseguindo apenas trabalhar sozinhas. Estes dois extremos, conforme a pesquisadora salientava, evidenciam a dificuldade de se trabalhar de modo sadio em grupo – a vivência lúcida da *interdependência.*

O patamar mais avançado da produtividade consciencial é a capacidade de produzir em grupo. É mais complexo porque requer maior coragem e despojamento para buscar as melhores soluções em benefício de todos.

O exercício maior da grupalidade está em buscar a evolução conjunta. Implica, em algumas situações, fazer concessões lúcidas e mudar certas posturas pessoais para propiciar ao outro o aprendizado e a experiência, mesmo sabendo estar correto em seu posicionamento, desde que isso não comprometa o trabalho de todo o grupo.

Produzir em conjunto com quem temos afinidade evidencia um determinado nível de consciencialidade e universalismo, mas produzir junto com pessoas com as quais nem sempre temos as melhores afinidades exige um nível bem mais avançado destes atributos conscienciais. De qualquer forma, não existe relacionamento teórico.

Para a obtenção dos melhores resultados, segundo Marina Thomaz, devemos procurar os pontos de interseção existentes entre as consciências integrantes do grupo, criando elementos de conexão e interatuação entre a equipe, num primeiro momento, para facilitar a criação do espírito de equipe. Mesmo se houver dificuldades de relacionamento pessoal, sempre há algo em comum capaz de propiciar um entrosamento produtivo.

Num segundo momento, deve-se buscar desenvolver em si outros pontos comuns que permitirão o contato, minimizando os conflitos e otimizando, consequentemente, a produção conjunta. Para a alavancagem deste trabalho, é importante estar atento à conexão entre a equipe intrafísica e a equipe extrafísica, buscada através da seriedade do trabalho, do desenvolvimento prático do parapsiquismo e da projetabilidade lúcida, ao alcance de todos aqueles que estiverem dispostos a investir na evolução.

Em toda realização coletiva, é preciso identificar os diversos patamares de responsabilidade – autoridade consciencial – sem que isto represente mérito ou demérito a ninguém. Mais importante é a predisposição para realizar o trabalho necessário. Às vezes, isto exige deixar de realizar, momentaneamente, um trabalho mais complexo porque está faltando quem faça o básico. Em outras, assumir a responsabilidade de uma tarefa acima das qualificações atuais, porque dentro do grupo não há alguém mais preparado e, sendo assim, procurar fazer o melhor possível. E, não raro, conjugar as duas condições.

Peter M. Senge, especialista em administração do MIT (Massachusetts Institute of Technology), ressalta a importância do trabalho grupal não só no âmbito pessoal mas também como dinamizador de forças que se somam, oferecendo uma resultante superior a simples soma dos elementos envolvidos. *"O objetivo comum faz surgir uma coragem que as pessoas nem sabiam que possuíam"* (ver Bib. 27).

A coragem atua para manter a firmeza das ações e conjugá-la com a postura íntima de procurar aprender com o outro. Quem quer ajudar, sem ter a vontade de também aprender, achando estar em um grupo somente para *doar sapiência,* está perdendo importantes oportunidades evolutivas. Toda consciência oferece um universo de estudo para o pesquisador atento. Ninguém faz parte de um grupo evolutivo por acaso.

A coragem da consciência realizadora torna-se essencial para a difícil manutenção da produtividade consciencial, chave do completismo existencial e da dinamização da evolução.

Binômio Discernimento-Motivação

A melhoria da produtividade evolutiva pessoal, requer constante revisão do nível da vontade que mantém a motivação. Este processo é retroalimentado quando existe a valorização dos resultados positivos alcançados, atuando como novos estímulos.

Podemos nos fazer a seguinte pergunta: *se a consciência sabe o que pode ser melhor à evolução, por que é tão difícil manter o ritmo produtivo?* A questão principal é que a motivação emocional é fátua e não confiável. Nesta condição, a produção se mantém apenas durante os picos emocionais instáveis devido às situações novas de cada dia.

O ideal, é procurarmos um patamar mais sólido para nossa motivação, comandada a partir do mentalsoma. Assim, importa estar atento ao binômio *discernimento-motivação,* ou seja, uma vez compreendido o que é o melhor, poder agir com automotivação neste caminho.

Este binômio apresenta um mecanismo simples: se após uma análise profunda, com o discernimento em alta, decidimos por uma rotina mais sadia do ponto de vista evolutivo, podemos deduzir que se houver alterações quanto à automotivação e segurança das medidas adotadas, é porque ocorreu uma redução da preponderância dos atributos do mentalsoma, inclusive o discernimento. Se a pessoa estiver atenta, a queda da automotivação pode ser um importante sinal de alerta.

Discernimento ↑	**Automotivação ↑**
Discernimento ↓	**Automotivação ↓**

Esta pode ser uma fórmula de constante supervisão sobre a automotivação e, consequentemente, sobre a produtividade consciencial. As pistas sugeridas pelas quedas de automotivação são os novos aspectos a serem trabalhados em nosso amadurecimento consciencial, descobertas através da análise dos fatores que estão nos colocando em dúvida sobre os posicionamentos adotados, exigindo, se necessário, pequenos ajustes no processo.

O desenvolvimento evolutivo não se faz em apenas uma vida, com a execução satisfatória de uma programação existencial. O autorrevezamento consciencial "é a condição avançada em que a consciência evolui entrosando uma existência intrafísica com a outra, consecutivamente, ao modo dos elos de uma cadeia (séries de existências), dentro do ciclo multiexistencial (*holobiografia*)" (ver Bib. 40).

O indivíduo mais lúcido, após determinado estágio da vida intrafísica, já consciente das diretrizes básicas da própria programação existencial e da execução parcial até o momento, começa a preparação da próxima vida ainda nesta, demostrando coerência e continuísmo. Um fator fundamental para isto é o fortalecimento das sinapses referentes à sua natureza multidimensional, ao processo evolutivo e à percepção clara das megametas do grupo evolutivo ao qual pertence. A identificação da real procedência extrafísica é um passo importante nesta direção.

A condição evolutiva das consciências se revela na grandeza das propostas e na maturidade e discernimento exibidos em suas ações. Esta maturidade e discernimento são conquistados com muito esforço, através das posturas discutidas neste livro, sobretudo através da coragem mentalsomática, para ampliar, de modo prático, os seus horizontes. O universo é do tamanho das fronteiras mentais do indivíduo e não há expansão destas sem novas experiências. Por isso, apenas a teoria não resolve o problema evolutivo de ninguém.

O movimento centrífugo da consciência, ao priorizar o abertismo consciencial e o intercâmbio de informações e experimentos (a dialética da pesquisa inteligente) permite novas associações de ideias e o desenvolvimento da maturidade integrada, refletida na qualidade dos seus rastros pensênicos.

Por último, vale lembrar que as experiências extrafísicas, vivenciadas através da projetabilidade lúcida, confirmam que, após a desativação do soma, a maioria das consciências se lamenta e se deprime, não pelos erros cometidos, embora deva arcar com a responsabilidade destes, mas por aquilo que deixou de fazer de positivo para a própria evolução e para a evolução das consciências ao redor quando teve oportunidade. Cabe aqui, portanto, a pergunta:

"Que proveitos evolutivos você já obteve com a sua coragem consciencial?".

(Conscienciograma, p.95).

GLOSSÁRIO

Apresentamos aqui um pequeno glossário de termos técnicos relacionados à temática deste livro. A maior parte desses termos foi extraída da bibliografia básica da Projeciologia e Consciencilogia (Glossário da Projeciologia). O restante é complemento de pesquisa do autor.

Amparador – consciência extrafísica auxiliadora de uma conscin ou de várias conscins; benfeitor extrafísico. Expressões equivalentes, arcaicas, desgastadas e envilecidas pelo emprego continuado: *anjo da guarda; anjo guardião; anjo de luz; guia; mentor.*

Assediador (ou *obsessor;* Latim: *obsessore,* assediador, obcecador, perseguidor) – consciência que exerce ação negativa direta ou indireta sobre outra, seja perturbando-a, provocando-a, perseguindo-a e influenciando-a malevolamente, através de pensenes (emoções, ideias e energias conscienciais).

Automimese existencial – imitação, por parte da conscin, das próprias vivências ou experiências passadas, sejam do renascimento intrafísico atual ou de existências anteriores.

Cardiochacra (*cardio* + *chacra*) – o quarto chacra básico, agente influente na emotividade da conscin, vitalizador do coração e dos pulmões.

Chacra – núcleo ou campo limitador de energia consciencial, cujo conjunto constitui basicamente o holochacra, paracorpo energético dentro do soma, fazendo a junção com o psicossoma, atuando como ponto de conexão pelo qual a EC flui de um veículo consciencial para outro.

Completismo Existencial – condição em que a consciência executa de modo satisfatório a sua programação existencial.

Conscienciometria – é a especialidade da Conscienciologia que estuda as medidas conscienciológicas, ou da consciência, através dos recursos e métodos oferecidos pela abordagem da consciência "inteira", capazes de assentar as bases possíveis da *matematização da consciência*, por exemplo, o conscienciograma. É um subcampo científico da Holomaturologia.

Conscienciotерapia – tratamento, alívio ou remissão de distúrbios da consciência, executados através dos recursos e técnicas derivados da Conscienciologia.

Consciex (*consci* + *ex*) – consciência *extra*física; o paracidadão ou paracidadã da Sociex ou sociedade extrafísica. Sinônimo envilecido pelo uso: *desencarnado*.

Conscin (*consci* + *in*) – consciência *intra*física; a personalidade humana; o cidadão ou cidadã da socin (sociedade intrafísica). Sinônimo envilecido pelo uso: *encarnado*.

Cosmoética (*cosmo* + *ética*) – ética ou reflexão sobre a moral cósmica, multidimensional, que define a holomaturidade, situada além da moral social, intrafísica, ou que se apresenta sob qualquer rótulo humano. Antônimo: anticosmoética.

Desperticidade – condição do ser Desperto (*Des* + *per* + *to*), ser intrafísico, ou conscin, desassediado, permanente, total, plenamente autoconsciente de sua condição. Não sofre mais a interferência energética negativa de outras consciências.

Ectopia consciencial – execução insatisfatória da programação existencial, de maneira excêntrica, deslocada, fora do roteiro programático escolhido para a própria vida intrafísica.

Estado vibracional (EV) – condição técnica de dinamização máxima das energias do holochacra (corpo energético), através da impulsão da vontade (ver Bib. 40, p.348).

Evoluciologia – é a especialidade da Conscienciologia que estuda a evolução da consciência abordada de modo integral, holossomático, multiexistencial, multidimensional, em alto nível, matéria específica do orientador evolutivo ou evoluciólogo. É um subcampo científico da Pensenologia.

Experimentologia – é a especialidade da Conscienciologia que estuda os experimentos evolutivos da consciência em todas as suas formas e categorias. É um subcampo científico da Evoluciologia.

Hiperacuidade – qualidade de lucidez máxima da conscin alcançada pela recuperação – que lhe é possível – dos cons. Con é uma unidade hipotética de medida do nível de lucidez da conscin ou da consciex.

Holocarmalogia – é a especialidade da Conscienciologia que estuda a conta corrente holocármica da consciência em evolução, abarcando os três princípios de causa e efeito atuantes na evolução da consciência:

> *Egocarma (ego + carma)* – quando centrado exclusivamente no ego em si. Estado do livre-arbítrio preso ao egocentrismo infantil.
>
> *Grupocarma (grupo + carma)* – quando centrado no grupo evolutivo. Estado do livre-arbítrio individual, quando ligado ao grupo evolutivo.
>
> *Policarma (poli + carma)* – quando centrado no senso e vivência da maxifraternidade cósmica, além do egocarma e do grupocarma.

É um subcampo científico da Evoluciologia.

Holorressomática – é a especialidade da Conscienciologia que estuda a serialidade existencial e os ciclos evolutivos multiexistenciais ou as ressomas intrafísicas sucessivas, e suas implicações e repercussões para a consciência humana, inclusive em relação as transmigrações interplanetárias. É um subcampo científico da Experimentologia.

Homo sapiens serenissimus – consciência quando na vivência integral da condição de serenismo lúcido. Sinônimo de emprego popular: *Serenão.*

Interprisão grupocármica – condição da inseparabilidade grupocármica do princípio consciencial evolutivo ou consciência.

Intrafisicologia – a Intrafisicologia é a especialidade da Conscienciologia que estuda as relações e vivências da conscin nesta dimensão intrafísica ou humana. É um subcampo científico da Holorressomática.

Maturidade integrada – estado de maturidade consciencial mais evoluída, além da maturidade biológica ou física, e da maturidade mental ou psicológica; holomaturidade.

Orientador Evolutivo ou Evoluciólogo – consciência coadjutora da coordenação inteligente da programação existencial, ou da evolução consciencial de uma ou mais consciências, do mesmo grupo evolutivo.

Paracérebro – cérebro extrafísico do psicossoma.

Paragenética – a genética adstrita às heranças da consciência, através do psicossoma (corpo extrafísico), das vidas anteriores ao embrião humano.

Parapsicose pós-dessomática – condição em que a consciência já perdeu o corpo humano, mas pensa, sente e julga que ainda prossegue vivendo *dentro dele* e com ele (ver Bib. 37, p.84).

Parapsiquismo – a reunião das percepções avançadas da consciência humana, além dos 5 sentidos básicos do corpo humano, utilizando as energias, o animismo e o intercâmbio consciencial avançado (ver Bib. 37, p.78).

Parassociologia – especialidade da Conscienciologia que estuda, além das sociedades intrafísicas conscienciológicas, as relações entre as consciências extrafísicas – consciexes e suas respectivas sociedades extrafísicas e suas consequências na vida humana, projetiva e extrafísica.

Pensenologia – é a especialidade da Conscienciologia que estuda os *pensenes* (*pen*samentos, *sen*timentos, *ene*rgias), a *pensenidade* e os *pensenedores* da consciência, sua parafisiologia e sua parapatologia. A *autopensenidade* é o mecanismo de expressão incessante da consciência em todas as suas manifestações, em qualquer dimensão consciencial, sendo, em consequência, a Pensenologia o conceito (teoria) e o substrato (prática) de fundamentação da ciência Conscienciologia, uma área ainda não descoberta (1999) pelas Ciências Convencionais.

Proexologia – é a especialidade da Conscienciologia que estuda a *programação existencial* (proéxis) das conscins em geral e suas consequências evolutivas. É um subcampo específico da Intrafisicologia.

Projetor Lúcido – homem ou mulher capaz de descoincidir-se ou tirar os seus veículos de manifestação da condição de alinhamento do holossoma, inclusive através da impulsão da própria vontade. Aquele(a) que experimenta uma ou mais projeções da consciência (experiência fora do corpo).

Resgate extrafísico – operação assistencial evoluída da promoção da mudança de ambiente extrafísico de uma consciência extrafísica necessitada, seqüestrada, carente ou momentaneamente desequilibrada em suas faculdades mentais (*refém*), para outro ambiente ou dimensão melhor (ver Bib. 43, p.188).

Ressoma – renascimento intrafísico. A aquisição de um novo soma após um período intermissivo ou intervidas.

Retrocognição (Latim: *retro*, atrás; *cognoscere*, conhecer) – faculdade perceptiva pela qual a conscin fica conhecendo fatos, cenas, formas, objetos sucessos e vivências pertencentes ao tempo passado distante, comumente relacionados com a sua holomemória.

Subcérebro abdominal – o umbilicochacra (centro de energia consciencial acima do umbigo), quando escolhido inconscientemente pela conscin, ainda de evolução medíocre, para sede de suas manifestações. O cérebro abdominal, *pseudo*cérebro abdominal, ou *sub*cérebro abdominal é a *eminência parda* do cérebro natural, encefálico (coronochacra e frontochacra); um embaraço indefensável na autoevolução consciente. Pesquisas recentes realizadas pelo médico Michael Gershon, professor do Centro Médico Colúmbia, em Nova York, apontam que o subcérebro abdominal, também chamado de cérebro das vísceras ou sistema nervoso entérico, é dotado de neurônios, neurotransmissores e proteínas próprias, tendo ligação direta com o cérebro encefálico, onde um influencia o outro. Michael Gershon é considerado um dos fundadores de um novo campo da medicina denominado Neurogastroenterologia.

Tenepes – é a *t*arefa *ene*rgética *pes*soal, diária, multidimensional, de ajuda energética aos outros, com assistência permanente de amparadores, a longo prazo ou para o restante da vida humana do praticante. Em geral, surge após a tarefa do esclarecimento já vivenciada.

Bibliografia

1.ALEGRETTI, Wagner; *Retrocognições – Lembranças de vivências passadas;* 302 p.; 23 caps.; 66 refs.; 21 x 14 cm; br.; Rio de Janeiro, RJ; Instituto Internacional de Projeciologia e Conscienciologia; 1998.

2.ANGELO, Claudio; *As Muitas Caras da inteligência;* Revista Superinteressante Especial; p. 30-33; São Paulo, SP; Outubro, 1998.

3.ANOTAÇÕES PESSOAIS; *Curso de Extensão em Conscienciologia e Projeciologia 2 - ECP-2;* 1993 à 1998.

4.ARANTES, José Tadeu; *A Teoria da Relatividade em Crise;* Revista Globo Ciência; p. 25-29; Setembro, 1997.

5.BALONA, Málu; *Síndrome do Estrangeiro – O Banzo Consciencial;* 334 p.; 14 caps.; 380 refs.; alf.; 21 x 14 cm; br.; Rio de Janeiro, RJ; Instituto Internacional de Projeciologia e Conscienciologia; 1998.

6.BONASSI, João Aurélio; *Abertura;* ANAIS DO II FÓRUM NACIONAL DE QUALIDADE CONSCIENCIAL; 29 x 21 cm; br.; 3 refs.; p. 1-4; Curitiba, PR; 1996.

7.BUHLMAN, William; *Aventuras Além do Corpo – Como experimentar viagens fora do horizonte da realidade cotidiana;* 302 p.; 8 caps.; 21 x 14 cm; br.; Rio de Janeiro, RJ; Ediouro; 1998.

8.BURGIERMAN, Denis Russo; *O Feto Aprende;* Revista Superinteressante; p. 30-37; São Paulo, SP; Julho, 1998.

9.CAPOZOLI, Ulisses; *Cabeças Iluminadas;* Revista Superinteressante Especial; p. 11-12; São Paulo, SP; Outubro, 1998.

10.COSTA, Cláudio; *Evolução em Cadeia: Reciclagem de um presidiário pela Tenepes*; 198 p.; 28 caps.; glos. 300 termos; 46

refs.; alf.; 21 x 14 cm; br.; Rio de Janeiro, RJ; Instituto Internacional de Projeciologia; 1998.

11.DYER, Wayne W.; *Seus Pontos Fracos;* 207 p.; 12 caps.; 21 x 14 cm; br.; 20ª ed.; Rio de Janeiro, RJ; Nova Era; 1996.

12.FERREIRA, Aurélio B. H.; *Novo Dicionário Aurélio da Língua Portuguesa;* 1499 p.; 28 x 21; br.; 1ª ed.; Rio de Janeiro, RJ; Nova Fronteira S. A.; 1975.

13.FORWARD, Susan; *Chantagem Emocional – Quando as pessoas ao seu redor usam o medo, a obrigação e a culpa para manipular você;* 301 p.; 11 caps.; 21 x 14 cm; br.; Rio de Janeiro, RJ; Rocco; 1998.

14.FREIRE, Paulo; *Pedagogia do Oprimido;* 184 p.; 4 caps.; 21 x 14 cm; br.; 21ª ed.; Rio de Janeiro, RJ; Paz e Terra; 1993.

15.GAARDER, Jostein; *O Mundo de Sofia – Romance da história da filosofia;* 555 p.; 35 caps.; 21 x 14 cm; 25ª reimpressão; São Paulo, SP; Cia. Das Letras; 1997.

16.GOLEMAN, Daniel; *Inteligência Emocional – A Teoria Revolucionária Que Redefine O Que É Ser Inteligente;* 370 p.; 16 caps.; 22,7 x 16 cm; Rio de Janeiro, RJ; Objetiva; 1995.

17.GUZZI, Flavia; *Mudar ou Mudar – Relatos de Uma Reciclante Existencial*; 230 p.; 14 caps.; 20 refs.; 21 x 14 cm; br.; Rio de Janeiro, RJ; Instituto Internacional de Projeciologia e Conscien–ciologia; 1998.

18.HAASE, Vitor Geraldi; *O lugar onde mora a mente;* Folha de São Paulo, SP; Julho, 1997.

19.HARAZIM, Dorrit; *A Face do Silêncio – A violência doméstica atinge não apenas a mulher, mas toda a sociedade;* Revista Veja; p. 80-87; São Paulo, SP; Julho, 1998.

20.LeDOUX, Joseph; *O Cérebro Emocional – Os Misteriosos Alicerces Da Vida Emocional;* 332 p.; 9 caps.; 587 refs.; 23 x 16 cm; br.; 2ª ed.; Rio de Janeiro, RJ; Objetiva; 1996.

21.MARINHO, Antônio; *Inteligência emocional no trabalho;* Rio de Janeiro, RJ; Jornal O Globo; Fevereiro, 1999.

22.MONTEIRO, Rosália; *A Significação do Amor - O Maior Aprendizado da Consciência;* 384 p.; 19 caps.; 66 refs.; 23 x 16 cm; br.; Rio de Janeiro, RJ; EPICON; 1997.

23. PIETRO, Ricardo; *Paulo Freire – "Salário do magistério é imoral";* Jornal Folha Dirigida; p. 22; 19 a 25 de Dezembro; 1994.

24.PIRES, Wanderley Ribeiro; *Qualidade de Vida;* 95 p.; 8 caps.; 21 x 14 cm; br.; Campinas, SP; Cartgraf;

25.PLATÃO; *Apologia de Sócrates – Êutifron-Críton;* Trad. Manuel de Oliveira Pulquério; 143 p.; Série RTP; Verbo; n.º 64; Lisboa - Portugal; Gris, Impressores Lisboa; 1972.

26.PRADO, Ricardo Chaves; *Tempo de Violência;* Revista Superinteressante; p. 38-39; São Paulo, SP; Novembro, 1996.

27.SENGE, Peter M.; *A Quinta Disciplina – Arte, teoria e prática da organização de aprendizagem;* 352 p.; 21 caps.; 21 x 14 cm; br.; 11ª ed.; São Paulo, SP; Nova Cultural; 1990.

28.SHINYASHIKI, Roberto T.; & DUMÉT, Eliana B.; *Amar Pode Dar Certo;* 155 p.; 11 caps.; 21 x 14 cm; br.; 31ª ed.; São Paulo, SP; Gente; 1988.

29.SIMONETTI, Eliana; & VALENTINI, Cintia; *Melhores que os Pais;* Revista Veja; p. 160-168; São Paulo, SP; Dezembro, 1998.

30.THOMAS, Henry; *A História da Raça Humana – Através da Biografia;* 437 p.; 47 caps.; 2ª ed.; Porto Alegre, RS; Globo; 1960.

31.THOMAZ, Marina; *A Teoria e a Prática da Grupalidade nas Empresas Conscienciológicas;* ANAIS DO II FÓRUM NACIONAL DE QUALIDADE CONSCIENCIAL*;* 29 x 21 cm; br.; 4 refs.; p.73-78; Curitiba, PR; 1996.

32.TOFFLER, Alvin; *O Choque do Futuro;* 389 p.; 20 caps.; 22,8 x 15,7 cm; br.; 5ª ed.; Rio de Janeiro, RJ; Record; 1994.

33.TOFFLER, Alvin e Heidi; *Criando Uma Nova Civilização – A Política da Terceira Onda;* 142 p.; 9 caps.; 21 x 14 cm; br.; Rio de Janeiro, RJ; Record; 1995.

34.TUDO, O Livro do Conhecimento; *O Cérebro e a Corrupção;* p. 350-353; São Paulo, SP; Ed. Três.

35.VEJA, Revista; *A Teoria da Involução – por influência da hierarquia católica, a Argentina suprime do currículo escolar referências a Darwin;* p. 82; São Paulo, SP; Agosto, 1995.

36.VEJA, Revista; *Uma UTI nas Alturas;* p. 42-43; São Paulo, SP; Maio, 1995.

37.VIEIRA, Waldo; *Projeções da Consciência: Diário de Experiências Fora do Corpo Físico;* 224 p.; glos. 25 termos; alf.; 21 x 14 cm; br.; 4ª ed. revisada; Rio de Janeiro, RJ; Instituto Internacional de Projeciologia, 1992.

38.VIEIRA, Waldo; *Nossa Evolução;* 168 p.; 15 caps.; 6 refs.; glos. 282 termos; 149 abrev.; alf.; 21 x 14cm; br.; Rio de Janeiro, RJ; Instituto Internacional de Projeciologia, 1996.

39.VIEIRA, Waldo; *Manual da Proéxis: Programação Existencial;* 164 p.; 40 caps.; 11 refs.; 21 x 14 cm; br.; Rio de Janeiro, RJ; Instituto Internacional de Projeciologia e Conscienciologia; 1997.

40.VIEIRA, Waldo; *700 Experimentos da Conscienciologia;* 1058 p.; 700 caps.; 300 testes; 8 índices; 2 tabs; 600 enu.; ono.; 5116 refs.; geo.; glos. 280 termos; 147 abrev.; alf,; 28,5 x 21,5 cm; enc.; Rio de Janeiro, RJ; Instituto Internacional de Projeciologia; 1994.

41.VIEIRA, Waldo; *Manual da Tenepes: Tarefa Energética Pessoal;* 138 p.; 34 caps.; 5 refs.; glos. 282 termos; 147 abrev.; alf.; 21 x 14 cm; br.; Rio de Janeiro, RJ; Instituto Internacional de Projeciologia; 1995.

42.VIEIRA, Waldo; *100 Testes da Conscienciometria;* 232 p.; 100 caps.; 14 refs.; 21 x 14 cm; br.; Rio de Janeiro, RJ; Instituto Internacional de Projeciologia e Conscienciologia; 1997.

43.VIEIRA, Waldo; *200 Teáticas da Conscienciologia;* 260 p.; 200 caps.; 13 refs.; alf.; 21 x 14 cm; br.; Rio de Janeiro, RJ; Instituto Internacional de Projeciologia e Conscienciologia; 1997.

44.VIEIRA, Waldo; *Conscienciograma: Técnica de Avaliação da Consciência Integral*; 344 p.; 100 folhas de avaliação; 2000 itens; 4 índices; 11 enu.; 7 refs.; 282 termos; 150 abrev.; alf.; 21 x 14 cm; br.; Rio de Janeiro, RJ; Instituto Internacional de Projeciologia; 1996.

45.VIEIRA, Waldo; *Temas da Conscienciologia;* 232 p.; 90 caps.; 16 refs.; alf.; 21 x 14 cm; br.; Rio de Janeiro, RJ; Instituto Internacional de Projeciologia e Conscienciologia; 1997.

46.VIEIRA, Waldo; *Projeciologia: Panorama das Experiências da Consciência Fora do Corpo Humano;* XVI + 1232 p.; 525 caps.; 43 ilus.; 1907 refs.; glos. 300 termos; 150 abrev.; ono.; geo.; alf.; 28 x 21 x 7 cm; enc.; 5ª ed.; Brasil; Rio de Janeiro, RJ; Instituto Internacional de Projeciologia; 1999.

47.VIEIRA, Waldo; *Boletins de Projeciologia;* 38 p.; 31 artigos; 33 x 21,7 cm; br.; Rio de Janeiro, RJ; Instituto Internacional de Projeciologia.

48. VIEIRA, Waldo; *Conversão. Parassociologia;* Boletim de Conscienciologia, n. 04; INFORMATIVO CEAEC; Ano 2; n. 22; p. 2, 3.

49.WEIL, Pierre; *Relações Humanas na Família e no Trabalho;* 239 p.; 17 caps.; 2 partes; 123 refs.; 21 x 14 cm; 26ª ed.; Petrópolis, RJ; Vozes; 1971.

50.WEIL, Pierre; & TOMPAKOW, Roland; *O Corpo Fala – A Linguagem Silenciosa da Comunicação não-verbal;* 288 p.; 17 caps.; 2 partes; 2 índices; 21 x 14 cm; 37ª ed.; Petrópolis, RJ; Vozes; 1995.

Índice Remissivo

A

D

E

F

G

N

O

P

R

T

U

V

W

INSTITUIÇÕES CONSCIENCIOCÊNTRICAS (ICs)

ICs. As Instituições Conscienciocêntricas – ICs – são organizações cujos objetivos, metodologias de trabalho e modelos organizacionais estão fundamentados no *Paradigma Consciencial.* Sua atividade principal é apoiar a evolução das consciências através da *tarefa do esclarecimento* pautada pelas *verdades relativas de ponta,* encontradas nas pesquisas no campo da ciência Conscienciologia e suas especialidades.

Voluntariado. Todas as Instituições Conscienciocêntricas são associações independentes, de caráter privado, sem fins de lucro e mantidas predominantemente pelo trabalho voluntário de professores, pesquisadores, administradores e profissionais de diversas áreas.

CCCI. O conjunto das Instituições Conscienciocêntricas e dos voluntários da Conscienciologia no planeta compõem a *Comunidade Conscienciológica Cosmoética Internacional* – CCCI – formada atualmente por 17 ICs, incluindo a *União das Instituições Conscienciocêntricas Internacionais* – UNICIN.

AIEC – Associação Internacional para Expansão da Conscienciologia

Fundação: 22/04/2005

Sede: Av. Felipe Wandscheer, 5.100, sala 111,
Cognópolis - 85856-530 - Foz do Iguaçu, Paraná, Brasil

Tel.: (45) 2102-1411

Site: www.aiecworld.org

Contato: aiec@aiecworld.org

APEX – Associação Internacional da Programação Existencial

Fundação: 20/02/2007

Sede: Rua da Cosmoética, 1.511, Cognópolis
Caixa Postal 921, Centro, CEP 85851-000,
Foz do Iguaçu, Paraná, Brasil

Tel.: (45) 3525-2652 – Fax: (45) 3525-5511

Site: www.apexinternacional.org

Contato: contato@apexinternacional.org

ARACÊ – Associação Internacional para Evolução da Consciência

Fundação: 14/04/2001

Sede: Rua Goiás, 28, Vila da Mata, CEP: 29375-000, Caixa Postal 16, Venda Nova do Imigrante, Espírito Santo, Brasil

VOIP: (11) 3522-9190

Representação: Av. Felipe Wandscheer, 5.100, sala 102, Cognópolis - 85856-530 - Foz do Iguaçu, Paraná, Brasil

Tel.: (45) 2102-1410

Site: www.arace.com.br

Contato: associacao@arace.com.br

ASSINVÉXIS – Associação Internacional para a Inversão Existencial

Fundação: 22/07/2004

Sede: Av. Felipe Wandscheer, 5.100, sala 106, Cognópolis - 85856-530 - Foz do Iguaçu, Paraná, Brasil

Tel.: (45) 2102-1406

Site: www.assinvexis.org

Contato: contato@assinvexis.org

CEAEC – Associação Internacional do Centro de Altos Estudos da Conscienciologia

Fundação: 15/07/1995

Sede: Rua da Cosmoética, 1.511, Cognópolis
Caixa Postal 921, Centro, CEP 85851-000,
Foz do Iguaçu, Paraná, Brasil

Tel.: (45) 3525-2652 – Fax: (45) 3525-5511

Site: www.ceaec.org

Contato: ceaec@ceaec.org

COMUNICONS – Associação Internacional de Comunicação Conscienciológica

Fundação: 24/07/2005

Sede: Av. Felipe Wandscheer, 5.100, sala 206,
Cognópolis - 85856-530 - Foz do Iguaçu, Paraná, Brasil

Tel.: (45) 2102-1409

Site: www.comunicons.org.br

Contato: comunicons@comunicons.org

CONSCIUS – Associação Internacional de Conscienciometria

Fundação: 24/02/2006

Sede: Rua da Cosmoética, 1.511, Cognópolis
Caixa Postal 921, Centro, CEP 85851-000,
Foz do Iguaçu, Paraná, Brasil

Tel.: (45) 3525-2652 – Fax: (45) 3525-5511

Site: www.conscius.org.br

Contato: conscius@conscius.org.br

DISCERNIMENTUM – Pólo Conscienciocêntrico *Discernimentum*

Fundação: 14/10/2007

Sede: Av. Felipe Wandscheer, 5.100, sala 201,
Cognópolis - 85856-530 - Foz do Iguaçu, Paraná, Brasil

Tel.: (45) 2102-1400

Contato: contato@discernimentum.org

EDITARES – Associação Internacional Editares

Fundação: 23/10/2004

Sede: Av. Felipe Wandscheer, 5.100, sala 107,
Cognópolis - 85856-530 - Foz do Iguaçu, Paraná, Brasil

Tel.: (45) 2102-1407

Site: www.editares.org

VOIP: (45) 4053-9538

Shopcons: www.shopcons.com.br
(portal de compra de livros)

Contato: editares@editares.org

EVOLUCIN – Associação Internacional de Conscienciologia para Infância

Fundação: 09/07/2006

Sede: R. Barão do Triunfo, 419, sala 302 - 90130-101 - Porto Alegre, RS

Representação: Av. Felipe Wandscheer, 5.100, sala 102,
Cognópolis - 85856-530 - Foz do Iguaçu, Paraná, Brasil

Tel.: (51) 3012-2562

Site: www.evolucin.org

Contato: evolucin@gmail.com

IAC - *International Academy of Consciouness*

Fundação: 28/10/2000

Sede: *Campus* IAC, EN18, Km 236 - Herdade da Marmeleira - 7100-300 Evoramonte, Portugal

Representação no Brasil: Av. Felipe Wandscheer, 5.100, sala 204, Cognópolis - 85856-530 - Foz do Iguaçu, Paraná, Brasil

Tel.: (45) 2102-1424 *Site:* www.iacworld.org

Contato: A/C de Verónica Serrano veronica.serrano@iacworld.org ou brasil@iacworld.org

IIPC - Instituto Internacional de Projeciologia e Conscienciologia

Fundação: 16/01/1988

Sede: Av. Felipe Wandscheer, 5.100, sala 103, Cognópolis - 85856-530 - Foz do Iguaçu, Paraná, Brasil

Tel.: (45) 2102-1448

Site: www.iipc.org.br

Contato: iipc@iipc.org.br

INTERCAMPI - Associação Internacional dos *Campi* de Pesquisas da Conscienciologia

Fundação: 23/07/2005

Sede: Av. Antonio Basílio, 3006, sala 602, Lagoa Nova, Natal / RN

Representação: Av. Felipe Wandscheer, 5.100, sala 102, Cognópolis - 85856-530 - Foz do Iguaçu, Paraná, Brasil

Tel.: (84) 3211-3126

Site: www.intercampi.org

Contato: A/C de Rute Pinheiro –rutepinheiro@digizap.com.br

OIC – Organização Internacional de Conscienciοterapia

Fundação: 06/09/2003

Campus: Av. Felipe Wandscheer, 5.935,
Cognópolis - 85856-530 - Foz do Iguaçu, Paraná, Brasil

Tel.: (45) 3025-1404 / 2102-1402

Site: www.oic.org.br

Contato: aco@oic.org.br

REAPRENDENTIA – Associação Internacional de Parapedagogia e Reeducação Consciencial

Fundação: 21/10/2007

Sede: Rua da Cosmoética, 1.511, Cognópolis
Caixa Postal 921, Centro, CEP 85851-000, Foz do Iguaçu, Paraná, Brasil

Tel.: (45) 3525-2652 – Fax: (45) 3525-5511

Site: www.reaprendentia.org

Contato: contato@reaprendentia.org.br

UNICIN – União das Instituições Conscienciocêntricas Internacionais

Fundação: 22/01/2005

Sede: Av. Felipe Wandscheer, 5.100, sala 105,
Cognópolis - 85856-530 - Foz do Iguaçu, Paraná, Brasil

Tel.: (45) 2102-1405 *Site:* www.unicin.org

Contato: unicin@unicin.org

UNIESCON – União Internacional de Escritores da Conscienciologia

Fundação: 23/11/2008

Sede: Av. Felipe Wandscheer, 5.100, sala do autorado, Cognópolis - Foz do Iguaçu, Paraná, Brasil – CEP: 85856-530

Site: www.uniescon.org

Contato: uniescon@uniescon.org

1. Esta obra pesquisa temas
da *Evoluciologia,*
uma das especialidades
da Conscienciologia.

2. Princípio da Descrença:
Não acredite em nada, nem mesmo
no que está informado neste livro.
EXPERIMENTE.
Tenha suas experiências pessoais.

www.ingramcontent.com/pod-product-compliance
Ingram Content Group UK Ltd.
Pitfield, Milton Keynes, MK11 3LW, UK
UKHW021956190726
13853UKWH00004B/1577

9 788598 966373